O GAM I GAM

gan

Elisabeth Griffith

diweddarwyd gan

Alwena Tomos ac Eleri Jones

Cydnabyddiaethau

© Prifysgol Aberystwyth, 2009 ⓗ

Cyhoeddwyd gan Y Ganolfan Astudiaethau Addysg (CAA), Prifysgol Aberystwyth, Yr Hen Goleg, Stryd y Brenin, Aberystwyth, SY23 2AX (http://www.caa.aber.ac.uk).
Noddwyd gan Lywodraeth Cynulliad Cymru.

ISBN: 978-1-84521-316-9

Y testun gwreiddiol ⓗ Elisabeth Griffith/Uned Ddyslecsia Bangor/CAA 1994 ©

Diweddarwyd gan Alwena Tomos ac Eleri Jones, Uned Ddyslecsia Bangor

Golygydd: Lynwen Rees Jones
Dylunydd: Richard Huw Pritchard
Darluniau: Richard Huw Pritchard
Argraffwyr: Argraffwyr Cambria

Caniateir llungopïo'r cardiau fflach yng nghefn y llyfr hwn at ddefnydd yr ysgolion neu'r sefydliadau addysgol a'i brynodd yn unig. Ni chaniateir atgynhyrchu unrhyw ran arall o'r llyfr ar unrhyw ffurf neu drwy unrhyw ddulliau eraill – graffig, electronig neu fecanyddol, gan gynnwys recordio, tapio neu systemau adfer anffurfiol – heb ganiatâd y cyhoeddwr.

Cedwir pob hawl.

GAIR O DDIOLCH

Hoffem ddatgan ein diolch i Ann Cooke o'r Uned Ddyslecsia, Prifysgol Bangor am ei hannogaeth. Hefyd i CAA, Prifysgol Aberystwyth am weld yn dda i ail-gyhoeddi 'O Gam i Gam' ac yn arbennig i Elisabeth Griffith a wnaeth waith clodwiw yn llunio'r Rhaglen yn y lle cyntaf.

Eleri Jones ac Alwena Tomos

Cynnwys

Cyflwyniad i'r Rhaglen

Llawysgrifen

Adran 1   –   Cyflwyno'r Llafariaid:

                         a e i o u w y (gynffon) y

Adran 2   –   Cyflwyno'r Llythrennau Dwbl:

                         ch dd ll th rh ng ff si ph

Adran 3   –   Cyflwyno Geiriau Amlsillafog

Adran 4   –   Cyflwyno Cytseiniaid Clwm

Adran 5   –   Cyflwyno'r Deuseiniaid/Llafariaid Clwm:

                         ai oi aw wy ae au oe ei eu ia io ew iw uw yw

Adran 6   –   Cyflwyno Geiriau ag **y (gynffon)** yn eu Sillaf Olaf

                         ydd yn yd ych yf ym yg yb yll yl yr ys

Adran 7   –   Dyblu **n** a Dyblu **r**

Cardiau Fflach i'w llungopïo

Cyflwyniad i'r Rhaglen

Bwriad y Rhaglen yw rhoi ail gynnig i'r disgyblion hynny sy'n cael trafferth i ddarllen ac ysgrifennu yn y Gymraeg. Er bydd y disgybl wedi dysgu ambell beth er pan ddechreuodd yn yr ysgol, mae'n rhaid i'r athro/cynorthwy-ydd ddechrau o'r dechrau wrth ddefnyddio'r Rhaglen a pheidio â chymryd dim yn ganiataol.

1. **Dull Ffonetig**

    Mae'r rhaglen yn rhoi arfau i'r disgybl i adeiladu geiriau. Bydd disgybl dyslecsig yn aml yn cael trafferth i glywed y seiniau mewn gair ac i gofio pa lythrennau sy'n gyfystyr â'r seiniau hynny. Dylid felly ei hyfforddi i fod yn ymwybodol o'r cysylltiad rhwng sain a llythyren a hefyd meithrin cysylltiad rhwng darllen ac ysgrifennu.

2. **Fframwaith Pendant**

    Mae fframwaith pendant i'r Rhaglen â'r geiriau wedi eu graddoli, gan gychwyn gyda geiriau a wneir o lythrennau sengl, yna geiriau'n cynnwys llythrennau dwbl ac felly ymlaen. Mae'n hanfodol cadw at strwythur pendant, gan ychwanegu un cam newydd ar y tro.

3. **Dulliau Dysgu Amlsynhwyraidd**

    Petai gweld gair yn unig yn ddigon i'r disgybl ei ddysgu, ni fyddai ganddo broblem darllen ac ysgrifennu. Mae'n bwysig i ddisgybl dyslecsig ei fod yn defnyddio'r synhwyrau eraill hefyd, i wneud gwell argraff ar y cof: dweud y gair yn uchel; gwrando ar y seiniau sydd ynddo; edrych arno a cheisio cofio'i ffurf; teimlo'r llythrennau a'u rhoi yn y drefn gywir i wneud gair.

4. **Llythrennau pren, plastig, cardfwrdd neu ewyn**

    Cyn i'r disgybl ysgrifennu geiriau yn ei eiriadur personol mae'n fuddiol, ar y dechrau, eu ffurfio â'r llythrennau hyn sydd ar gael yn fasnachol. Mae'n bosibl gludo papur tywod neu ffelt ar un wyneb i'r llythrennau (ac eithrio'r rhai o wneuthuriad ewyn) pan fo dryswch ynglŷn â pha ffordd y dylent wynebu, er enghraifft **b** a **d**. Bydd hyn yn ychwanegu'r synnwyr o deimlo at y broses adnabod.

    Ar y llaw arall, gellir gwneud defnydd effeithiol iawn o'r llythrennau fel ag y maent. Efallai y bydd yn well gan rai athrawon/cynorthwywyr ddefnyddio llythrennau plastig gan eu bod yn lliwgar ac yn atyniadol i'r disgyblion. Maent hefyd yn ysgafn.

5. **Llyfr geiriau**

    Ar ôl llunio geiriau â'r llythrennau, dylai'r disgybl eu hysgrifennu yn ei eiriadur personol. Er hwylustod, dylid rhifo pob tudalen a rhoi mynegai o gynnwys y tudalennau ym mlaen y llyfr neu yn ei gefn.

    Ar ôl ysgrifennu'r geiriau mewn pensil, gellir defnyddio pensiliau lliw i dynnu sylw at unrhyw nodwedd arbennig yn y geiriau. Bydd tynnu llun bychan neu ddefnyddio llun *Clip art* wrth ymyl ambell air yn ei helpu i gofio.

    Dylid neilltuo tudalen ar ddechrau'r llyfr ar gyfer yr wyddor ac ati, gan y bydd angen cyfeirio at y llythrennau hynny o dro i dro.

6. **Arddweud**

    Y cam nesaf yw defnyddio'r geiriau newydd mewn brawddegau. Dylid rhoi i'r disgybl eiriau a gyflwynwyd iddo mewn ymarferion a brawddegau, a pheidio â chynnwys unrhyw air nad yw wedi ei ddysgu eisoes, os yn bosibl. Y nod yw rhoi blas ar lwyddo i ysgrifennu'n gywir a, thrwy hynny, hybu hunanhyder y disgybl.

    Bydd arddweud yn ddull o adolygu hefyd gan y ceir geiriau o'r gwersi blaenorol yn y brawddegau yn ogystal â'r geiriau diweddaraf.

    Dull cyflwyno brawddeg arddweud:
    i) Yr athro i ddweud y frawddeg;

    ii) Y disgybl i'w dweud, i sicrhau ei fod yn deall yr ystyr;

    iii) Gellir rhoi llinellau â phensil ar gyfer pob gair yn y frawddeg os yw'r disgybl yn cael trafferth i gofio gadael bwlch rhwng geiriau;

    iv) Y disgybl i ysgrifennu'r frawddeg a'r athro/cynorthwy-ydd yn ei atgoffa am y geiriau os bydd angen;

    v) Y disgybl i edrych dros y frawddeg a cheisio dod o hyd i unrhyw gamgymeriad. Gellir defnyddio llun y trên yn Adran 1 i'w atgoffa am y llythyren fawr ar y dechrau (yr injan) a'r atalnod llawn ar y diwedd (y faner);

    vi) Ar y dechrau gwell fyddai arddweud dau air yn unig, er enghraifft, 'car Sam' ac ychwanegu at nifer y geiriau wrth i'r disgybl ddod yn ei flaen.

7. **Geiriau edrych-a-dweud**

    Wrth ysgrifennu brawddegau mae rhai geiriau y mae'n ofynnol i'r disgybl eu dysgu o'r dechrau fel geiriau edrych-a-dweud, er enghraifft, **Mae**. Mae sawl dull o wneud hyn:
    i) Yr athro i ysgrifennu'r gair yn fawr. Y disgybl i ysgrifennu dros y gair mewn lliw, ac yna mewn dau neu dri o liwiau eraill;

    ii) Edrych ar y gair, ei gopïo, ei guddio, ei ysgrifennu o'i gof a'i gymharu â'r gair gwreiddiol. Dylid gwneud hyn bob dydd nes ei fod yn ei wybod;

    iii) Ysgrifennu'r gair ar gerdyn a'i roi mewn lle amlwg fel y bydd y disgybl yn ei weld yn aml, er enghraifft, ar gas pensiliau, pren mesur ac ati;

    iv) Tynnu ei sylw at y ffaith ei bod yn bosibl 'gweld' gair â llygad y meddwl, ymarfer sy'n dod yn naturiol i'r rhan fwyaf ond y mae angen ei feithrin mewn disgybl dyslecsig.

8. **Llawysgrifen**

    Bydd disgyblion dyslecsig fel rheol yn cael trafferth i gofio sut i ysgrifennu llythrennau sy'n swnio'n debyg neu sy'n edrych yn debyg. Ceir dryswch yn enwedig rhwng **b** a **d**, a rhwng **p** a **b**. Gellir ambell dro cael dryswch rhwng **m** ac **w** (pan mae'r 'w' yn fwaog) neu **h** ac **y** (eto pan mae'r 'y' yn fwaog).

    Drwy ymarfer grŵp o lythrennau (y rhai y dechreuir eu ffurfio yn yr un lle), gyda'i gilydd, fe ddilëir ychydig ar y dryswch. Dylid ymarfer i ddechrau â phinnau ffelt lliw er mwyn i'r disgybl gael 'teimlo'r' llythyren. Mae sialc ar fwrdd du hefyd yn effeithiol er mwyn creu argraff ginesthetig ar y cof.

Dylid dechrau ysgrifennu'n sownd cyn gynted ag y bo modd, gan gadw at arddull yr athro, er bod y dull 'dolen' (*cursive*) yn cael ei gymeradwyo. Ceir enghreifftiau o'r dull 'dolen' ac o'r dull 'hanner dolen' (*semi cursive*) yn yr Adran Llawysgrifen. Awgrymir yn y fan honno y gellid darparu taflen gyda llinellau pwrpasol i helpu'r disgybl i lunio llythrennau o'r maint addas. Gall gosod taflen fel hyn y tu cefn i bapur plaen fod yn gymorth ymhellach ymlaen i sicrhau bod yr ysgrifen yn dilyn llinellau syth.

9. Cardiau Fflach

Gellir defnyddio cardiau fflach i ddysgu'r cysylltiad rhwng sain a llythyren yn ogystal â'r cysylltiad sydd rhwng sillafu a darllen.

Dyma un dull o ddysgu'r wyddor gan gymryd y llythyren **a** yn enghraifft:
i) Yr athro i ddangos ochr y cerdyn sydd â'r llun arno a dweud 'arth, **a**';
ii) Y disgybl i efelychu a dweud 'arth, **a**';
iii) Yr athro i ddangos ochr y cerdyn sydd â'r llythyren arno a dweud '**a**';
iv) Y disgybl i efelychu a dweud '**a**';
v) Y disgybl i ysgrifennu'r llythyren **a** ar ddarn o bapur *gan ddweud* '**a**' *yr un pryd*;
vi) Y disgybl i ysgrifennu'r llythyren eto gan gau ei lygaid a dweud '**a**' yr un pryd;
vii) Y disgybl i ddarllen yr hyn a ysgrifennodd.

Gellir defnyddio'r dull hwn i ddysgu'r cytseiniaid clwm a'r deuseiniaid yn ogystal, ac i brofi gwaith blaenorol er mwyn gwneud yn siŵr bod y gwaith a wnaethpwyd eisoes yn gadarn yn y cof cyn mynd ymlaen i gyflwyno gwaith newydd.

Mae cardiau fflach yn effeithiol i hyfforddi'r disgybl i ddarllen gair cyfan yn hytrach na darllen fesul llythyren. Dylai gael digon o amser i edrych ar y cerdyn a gall yr athro dynnu sylw at unrhyw nodwedd arbennig y dylai'r disgybl ei chofio ynglŷn â'r gair.

10. 'y' gynffon ('y' sain glir)

Gan fod cynifer o eiriau yn y Gymraeg yn cynnwys '**y** sain glir', mae'n werth treulio digon o amser i ddysgu'r teulu hwn o eiriau yn drwyadl. Hanfod dull ffonetig yw cyfateb sain â llythyren, ac o glywed y sain '**u**' mae'n gwbl naturiol i'r disgybl ysgrifennu'r llythyren **u**.

I ddisgybl dyslecsig, sy'n ei chael mor anodd i gofio geiriau a seiniau, mae stori fach am bethau bob dydd yn gwneud y peth yn fwy dealladwy. Mae stori debyg i hon yn help i esbonio'r rhesymeg dros ddefnyddio'r llythyren **y** am y sain '**u**'.

*Weithiau mae '**u**' yn meddwl ei bod hi'n fwnci ac mae hi eisiau cynffon hir fel cynffon mwnci. '**Y** gynffon' ydy hi felly ac mi rown ni gynffon iddi er mai '**u**' yw ei sŵn. Yn y geiriau hyn (tŷ, byd, i gyd, dyn, syn, cyw, byw, bys, pys ac ati) sŵn '**u**' sydd i'r llafariaid yn y canol ond rhaid i ni ysgrifennu **y**.*

I blant ardaloedd y De sydd eisoes yn gorfod dod i ben âg **i** ddot ac **u** bedol i gynrychioli'r sain '**i**', mae **y** gynffon yn ychwanegol at y llythrennau sy'n cynrychioli'r sain honno. Argymhellir y dylai'r disgybl ddysgu'r geiriau sy'n cynnwys y llafariaid hyn bob yn ail â llafariaid eraill fel **e** ac **o**. Dylid hefyd ddysgu pob grŵp yn drwyadl cyn symud ymlaen at y gwaith nesaf. Fe gymer fwy o amser i gofio p'un ai **i**, **u** neu **y** yw'r llythyren iawn i'w defnyddio yn yr ardaloedd hynny ble mae sŵn y llafariaid yr un fath.

11. Darllen

Dylid dangos i'r disgybl y berthynas rhwng sillafu a darllen. O'r dechrau, bydd y disgybl yn darllen ei restr eiriau ac yn darllen drwy ei frawddegau arddweud. Mae meithrin cariad at lyfrau ac at ddarllen, mewn awyrgylch hapus, yn bwysig iawn. Gellir cael partneriaeth o ddarllen bob yn ail, o ddarllen gyda'i gilydd, o edrych ar luniau ac o ddyfalu beth sy'n mynd i ddigwydd nesaf mewn stori. Bydd hyn yn helpu i dynnu'r pwysau oddi ar yr unigolyn. Mae'n well dechrau â brawddegau a grëwyd gan yr athro/cynorthwy-ydd gan ddefnyddio'n unig y geiriau a gyflwynwyd eisoes i'r disgybl. Ni fydd hyn yn bosibl bob tro ac os bydd rhaid cael geiriau newydd ambell dro, bydd yr athro/cynorthwy-ydd yn helpu'r disgybl gyda'r rhain.

Wrth ddefnyddio llyfrau cyhoeddedig, mae'n bwysig dewis llyfr sy'n addas o ran cynnwys a diwyg. Mae'n well dechrau â llyfr sydd yn ddigon syml i'r disgybl er mwyn magu hyder.

Anogir y disgybl i dorri gair hir yn ddarnau llai, os yw'n cael trafferth gyda'r gair hwnnw, ac i ddarllen y gair fesul sillaf yn hytrach na fesul llythyren. Ond os yw'r disgybl yn dechrau o'r dechrau, mae'n rhaid iddo fynd drwy gyfnod o ddweud y seiniau fesul un, yna'r gair cyfan, er enghraifft, 's — a — m Sam'.

I'w hyrwyddo i ddarllen syniadau yn hytrach na darllen geiriau, mae darllen ar-y-cyd yn fuddiol weithiau.

Dyma un dull:
i) Oedolyn (athro/cynorthwy-ydd/rhiant) i ddarllen darn o'r llyfr yn ddramatig a'r disgybl i wrando ar y stori;

ii) Oedolyn a'r disgybl i ddarllen yr un darn;

iii) Y disgybl (a'r oedolyn yn dilyn) i'w ddarllen eto;

iv) Y disgybl i'w ddarllen ar ei ben ei hun.

Gellir hepgor camau ii) a iii) pan ddaw'r disgybl yn fwy hyderus.

12. Gêm

Dylid anelu at orffen gwers drwy chwarae gêm syml. Bydd hyn o gymorth i gadw'r hyn a gyflwynwyd yn y wers yn gadarnach yn y cof. Ni ddylai'r gêm fod yn cymryd gormod o amser i'w chwarae ac, yn ddieithriad, bydd yr athro'n colli!

13. Cynllun y wers

i) **Edrych ar y gwaith cartref**. Os oes camgymeriadau ynddo, annog y disgybl i ddod o hyd iddynt ei hun, drwy ofyn cwestiynau i'w arwain i'r cyfeiriad iawn.

ii) **Adolygu'r gwaith blaenorol**. Gellir gwneud hyn mewn amryw ffyrdd. Mae cardiau fflach o rai o'r geiriau y dylai eu gwybod yn ddull effeithiol. Dylid ei brofi mewn dwy ffordd:
- Yn gyntaf, yr athro'n arddweud y geiriau a'r disgybl yn eu hysgrifennu;
- Yn ail, y disgybl i fedru darllen y geiriau.

Mae cadw graff o ganlyniadau'r profion yn symbyliad i'r disgybl ddysgu'r geiriau.

iii) **Darllen**. Dylai'r cyfnod darllen barhau am o leiaf chwarter awr.

iv) **Cyflwyno gwaith newydd**, os yw'r gwaith blaenorol yn gadarn yn y cof. Mae'n werth dysgu rhywbeth newydd ym mhob gwers neu mae'r gwaith yn mynd yn ddiflas. Rhaid symud ymlaen 'mor gyflym ag y medrwch, ond mor araf ag sydd raid'. (M. Rawson)

v) **Gwaith cyffredinol**: adolygu/dysgu o'r newydd y pethau mae'r disgybl yn eu cael yn anodd, er enghraifft, dyddiau'r wythnos, misoedd y flwyddyn, tablau, yr wyddor ac ati. Mae rhoi pethau fel hyn yn eu trefn gywir yn anodd i ddisgyblion dyslecsig.

vi) **Gêm i ddiweddu'r wers**. Gellir ambell dro chwarae gêm ar adegau eraill yn ystod y wers, er enghraifft pan fydd yr athro/cynorthwy-ydd yn teimlo bod y disgybl angen newid o ganolbwyntio ar ei waith neu ei fod yn dangos arwyddion o flinder. Wedyn gellir mynd yn ôl at y gwaith yn fwy ffres.

vii) **Gosod gwaith cartref**.

Enghraifft o wers awr

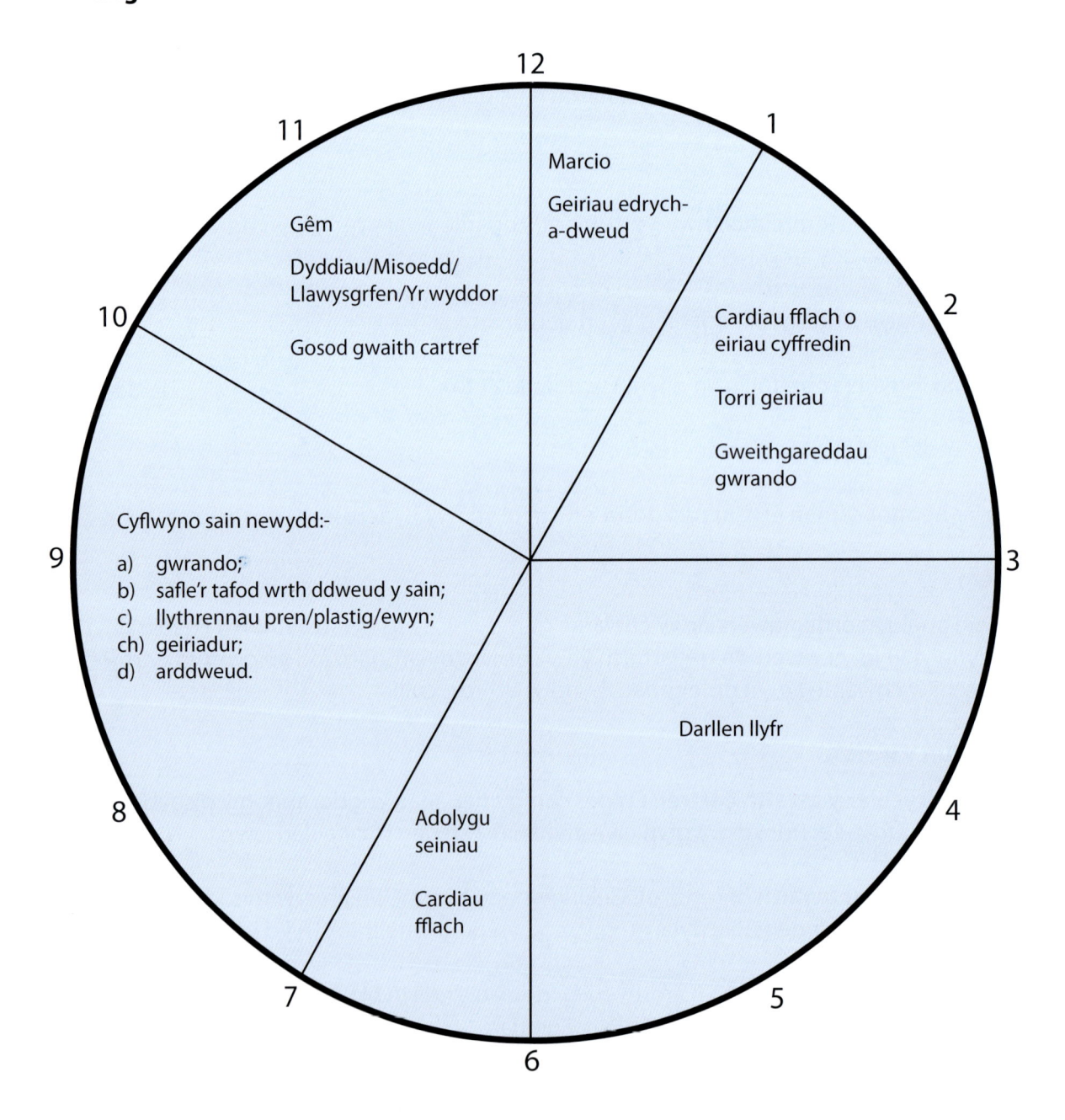

(Diagram cylch wedi'i rannu'n segmentau yn dangos strwythur gwers awr:)

- **12–1**: Marcio; Geiriau edrych-a-dweud
- **1–3**: Cardiau fflach o eiriau cyffredin; Torri geiriau; Gweithgareddau gwrando
- **3–5**: Darllen llyfr
- **5–7**: Adolygu seiniau; Cardiau fflach
- **7–9**: Cyflwyno sain newydd:-
  a) gwrando;
  b) safle'r tafod wrth ddweud y sain;
  c) llythrennau pren/plastig/ewyn;
  ch) geiriadur;
  d) arddweud.
- **9–12**: Gêm; Dyddiau/Misoedd/Llawysgrfen/Yr wyddor; Gosod gwaith cartref

Llawysgrifen

Llawysgrifen

Fel y dywedwyd yn y Cyflwyniad i'r Rhaglen, gall ymarfer llythrennau yn grwpiau y dechreuir eu llunio o'r un pwynt fod o gymorth i ddisgybl dyslecsig oresgyn y dryswch y mae llythrennau tebyg o ran sain neu siâp yn peri iddo. Gall cysylltu siâp y llinell ddechreuol â gwrthrych cyfarwydd fel pont, pren mesur a ffon fod o gymorth i'r disgybl. Rhaid pwysleisio bod y llinell honno'n dechrau o'r un pwynt a byddai'n syniad dynodi'r pwynt â smotyn lliw wrth ddangos y llythyren i'r disgybl.

Mae llythrennau'n rhannu'n grwpiau fel hyn:

pont ⌒•   **pren mesur** •—   **ffon** |•

gan gychwyn ysgrifennu o'r smotyn lliw.

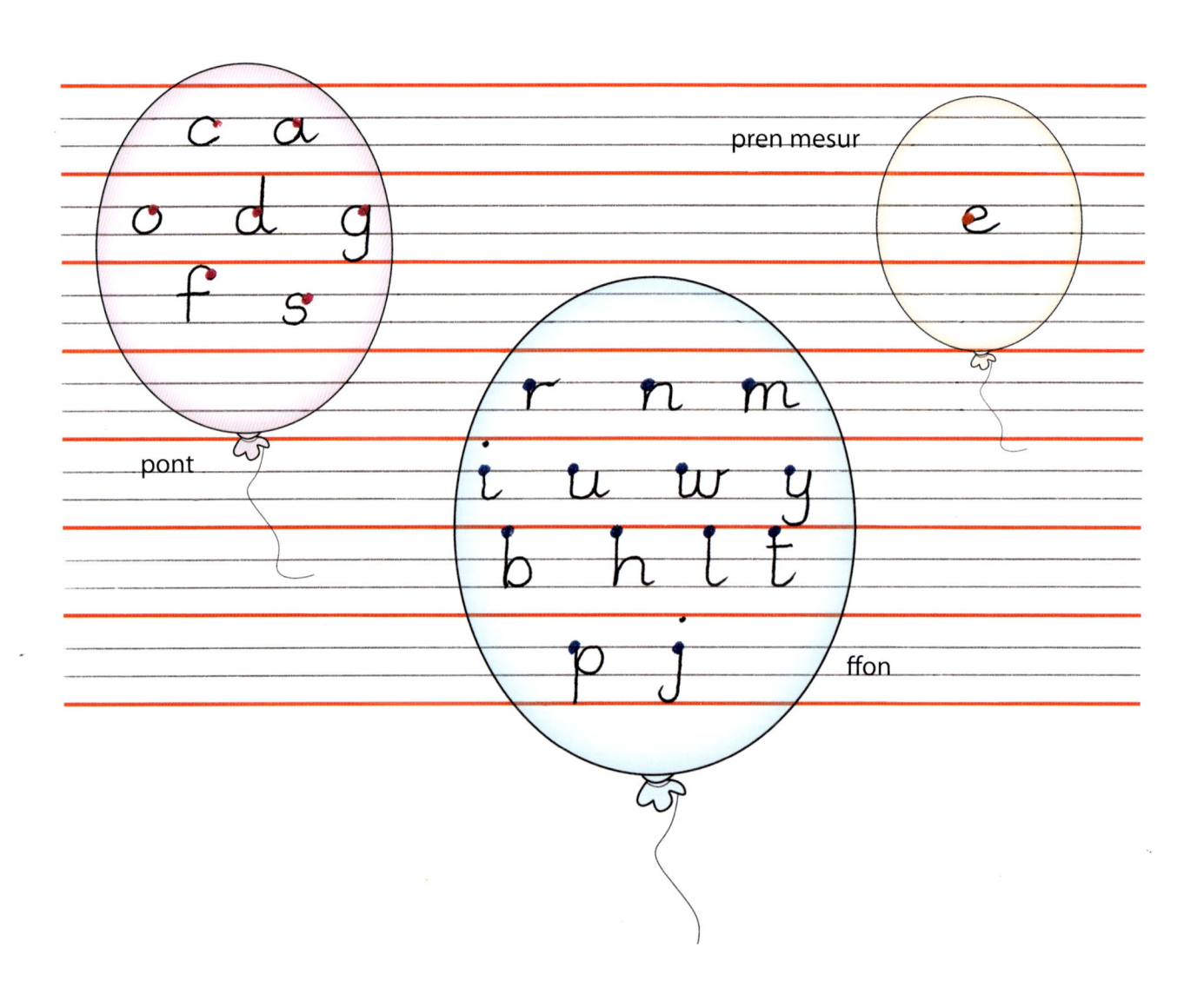

Yr Wyddor – llythrennau bach

a	b	c	ch	d	dd	e	f	ff	g	ng	h	i	j	l	ll
m	n	o	p	ph	r	rh	s	(si)	t	th	u	w	y		

Yr Wyddor – Llythrennau mawr

A	B	C	CH	D	DD	E	F	FF	G	NG	H	I	J	L	LL
M	N	O	P	PH	R	RH	S	(SI)	T	TH	U	W	Y		

Llafariaid

a e i o u w y ac **y** gynffon

(Defnyddir y term **y gynffon** am y sain '**u**' a glywir mewn geiriau fel **dyn** a **byd**. Dylai athrawon neu gynorthwywyr ddefnyddio'r wybodaeth hon yn ôl gofynion y disgybl.)

Cytseiniaid

b	c	ch	d	dd	f	ff	g	ng	h	i	j	l
ll	m	n	p	ph	r	rh	s	si	t	th	w	

Llythrennau Dwbl

ch dd ff ng ll ph rh si th

Ysgrifennu Sownd

Dylid dechrau ysgrifennu'n sownd cyn gynted ag y bo modd. Drosodd ceir enghreifftiau o'r ddau ddull o ysgrifennu, sef Dolen a Hanner-dolen. Dylid dechrau ysgrifennu sownd ar bapur gyda dwy linell yn y canol, un llinell uwchben ac un islaw y llinellau canol. Bydd yn gymorth i'r disgybl i fod yn ymwybodol o faint y llythrennau a sut i'w cadw'n gyson.

dolen

a b c ch d dd e f
ff g ng h i j l ll
m n o p ph r rh
s t th u w y

hanner dolen

a b c ch d dd e
f ff g ng h i j l
ll m n o ph r rh
s t th u w y

nn   rr

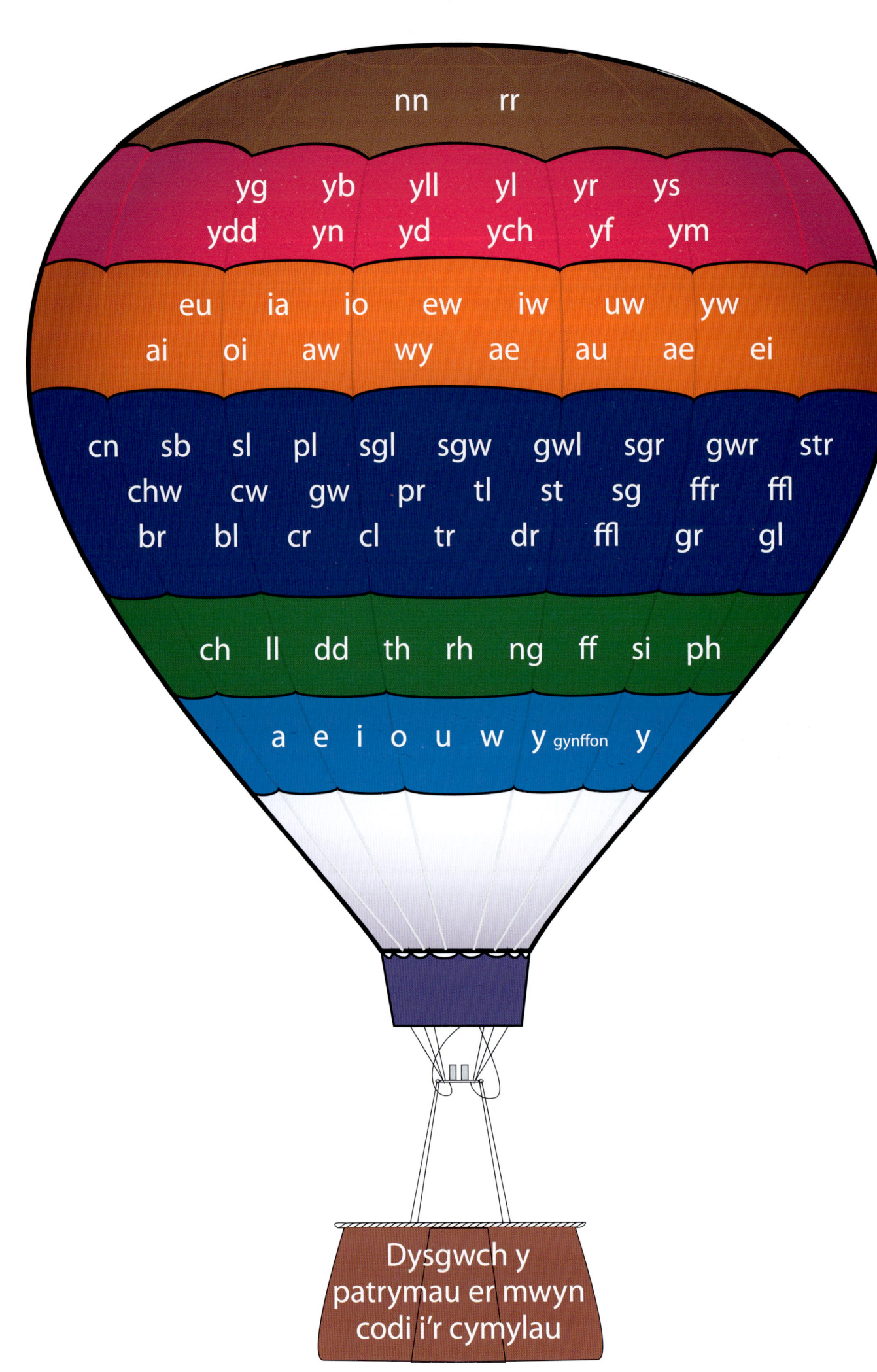

yg   yb   yll   yl   yr   ys
ydd   yn   yd   ych   yf   ym

eu   ia   io   ew   iw   uw   yw
ai   oi   aw   wy   ae   au   ae   ei

cn   sb   sl   pl   sgl   sgw   gwl   sgr   gwr   str
chw cw   gw   pr   tl   st   sg   ffr   ffl
br   bl   cr   cl   tr   dr   ffl   gr   gl

ch   ll   dd   th   rh   ng   ff   si   ph

a   e   i   o   u   w   y gynffon   y

Dysgwch y patrymau er mwyn codi i'r cymylau

ADRAN 1

Cyflwyno'r Llafariaid

a | e | i | o | u | w | y (gynffon) | y

Cyn dechrau ar y rhaglen byddai'n fuddiol

- Rhoi prawf yn defnyddio croestoriad o eiriau Adran 1 (darllen a sillafu);

- Ar sail canlyniadau'r profion, llunio cynllun gwaith ar gyfer y disgybl unigol am yr hanner tymor canlynol dyweder.

O GAM I GAM

Prawf Darllen

1a

a	p	ch	n	e	ff	m	t	r	o	b	u	d	w	ng
c	dd	g	i	s	j	ll	y	l	ph	th	f	rh	h	

1b

A	Th	P	Ch	N	E	Ff	M	Ph	T	R	O	B	U	D
W	H	L	Ng	C	F	Rh	G	Dd	I	S	J	Ll	Y	

2

pen	ras	dim	mul	nos	dŵr
dyn	ceg	syr	sŵn	hir	un

3

bach	llun	sedd	beth	rhif	coch
llong	bang	cath	ffon	siop	ei phen

4

bore	cadw	heno	dillad	wedi	tatws
cegin	llygod	bychan	munud	halen	barod

5

gofalus	aderyn	sibrydodd	ychydig	ystafell
atebodd	edrychwch	cysurus	symudodd	papurau

O GAM I GAM

Prawf – Copi'r Athro Enw _____

Ysgol _____

1a

	a	p	ch	n	e	ff	m	t	r	o	b	u	d	w	ng
D															
S															
	c	dd	g	i	s	j	ll	y	l	ph	th	f	rh	h	
D															
S															

1b

	A	Th	P	Ch	N	E	Ff	M	Ph	T	R	O	B	U	D
D															
S															
	W	H	L	Ng	C	F	Rh	G	Dd	I	S	J	Ll	Y	
D															
S															

2 Darllen

	pen	ras	dim	mul	nos	dŵr	dyn	ceg	syr	sŵn	hir	un
yn syth												
cloffi/sillafu												
cynnig												

2 Sillafu

	cap	cot	du	pêl	byw	yn	neb	Sul	byd	tir	byw	hen
cynnig												
anhawster												
dyddiadau												

3 Darllen

	bach	llun	sedd	bath	rhif	coch	llong	bang	cath	ffon	siop	ei phen
yn syth												
cloffi/sillafu												
cynnig												

3 Sillafu

	siom	rhaw	ddim	ffa	ei phig	sach	llew	rhes	chi	llo	rhaff	siŵr
cynnig												
anhawster												
dyddiadau												

Nodiadau

Os oes rhaid dechrau o'r cychwyn,

- Dylid tynnu sylw'r disgybl at y ffaith nad UN sain (sŵn) yw gair ond nifer o seiniau. Mae hon yn ffaith mor amlwg fel ei bod yn hawdd anghofio nad yw disgybl dyslecsig, yn aml, yn ymwybodol o'r peth.

Athro:	Wyt ti'n gwybod pa lythrennau sydd eisiau i wneud y gair 'Sam'? Dwed ti'r gair 'Sam'.
Disgybl:	Sam.
Athro:	Beth ydy'r sŵn cyntaf rwyt ti'n ei glywed?
Disgybl:	S
Athro:	Fedri di ddweud wrtha i pa lythyren yn y pecyn sydd yr un fath â'r sŵn **s**?
	(*Y disgybl i roi'r llythyren ar y bwrdd o'i flaen.*)
	Pa sŵn mae'r llythyren yma'n ei ddweud? Da iawn! Pa lythyren fydd eisiau ar ôl s i wneud y gair 'Sam'? Fedri di ddweud y gair 'Sam' eto yn araf, er mwyn i ni gael clywed y sŵn yn iawn?

Ac yn y blaen felly nes bod y gair i gyd wedi ei wneud.

Wedyn, gellid cael disgybl i wneud y canlynol:

- Llunio gair â llythrennau;
- Edrych ar y gair yn ofalus i gofio trefn y llythrennau;
- Gorchuddio'r gair;
- Ysgrifennu'r gair mewn pensil yn ei lyfr personol oddi ar ei gof;
- Gadael iddo edrych ar y gair a wnaeth â'r llythrennau, os oes rhaid;
- Cymharu'r gair yn ei lyfr â'r gair a wnaeth â'r llythrennau;
- Darllen y gair o'i lyfr;
- Tynnu llun bach wrth y gair a ysgrifennwyd. Gall yr athro wneud yn ei le os nad yw'n hyderus i wneud un ei hun. Mae llun yn gymorth i gofio'r gair pan fydd pump neu chwech ohonynt ar y dudalen;
- Gofyn i'r disgybl pa lythyren sy'n digwydd ym mhob un o'r geiriau;
- Dewis lliw i liwio'r llythyren dan sylw (llafariaid) a'r gweddill yn lliw gwahanol;
- Rhoi brawddeg fer o arddweud, dau neu dri gair yn unig i ddechrau.

Yn y gwersi dechreuol, mae darllen ac ysgrifennu yn cael eu gwau i'w gilydd. Mae'n bwysig bod y disgybl yn gweld y cysylltiad hwn.

Pa eiriau i'w dewis?

Math o fanc i'r athro dynnu ohono yw'r rhestrau geiriau. Nid dysgu **pob** gair ar y tudalennau yw'r bwriad. Gwell yw dysgu ychydig o eiriau buddiol na gorlwytho'r disgybl. Rhaid i'r athro benderfynu pa eiriau sy'n addas ar gyfer y disgybl unigol yng ngoleuni'r canlynol:

- Pa mor gyfarwydd yw'r disgybl â'r ystyr;
- Pa mor ddefnyddiol fydd y gair i'r disgybl;
- Tafodiaith;
- Oed ac aeddfedrwydd y disgybl.

Mae gwerth addysgol mewn cyflwyno 2 neu 3 o eiriau sy'n odli o dan ei gilydd, er enghraifft,

cam

pam

Sam.

Geiriau Llythrennau Dwbl

Rhoddwyd nifer o eiriau sy'n cynnwys llythrennau dwbl ar waelod y tudalennau lle cyflwynir llafariaid, fel y gall yr athro eu defnyddio o'r cychwyn os teimla fod hynny'n ymarferol. Dylid gohirio cyflwyno'r geiriau hynny tan Adran 2 os oes perygl iddynt gymhlethu pethau i'r disgybl.

Cytsain-Llafariad-Cytsain

Geiriau cytsain-llafariad-cytsain a geir ar y tudalennau cyntaf. Gallech ddweud eu bod yn debyg i fisgeden hufen, gyda bisgeden bob ochr a hufen yn y canol. Dylid pwysleisio bod yn rhaid cael llafariad (yr hufen yn y gymhariaeth â bisgeden) ym mhob gair (neu ym mhob sillaf mewn geiriau aml sillaf).

Geiriau Edrych-a-Dweud

Mae rhai geiriau y mae'n ofynnol i'r disgybl eu dysgu o'r dechrau fel geiriau edrych-a-dweud, er enghraifft, **Mae**. Gweler y Cyflwyniad i'r Rhaglen am fanylion ynglyn â dulliau effeithiol o gyflwyno'r rhain i'r disgybl.
Gall yr athro ddarparu cardiau fflach/taflen waith/gwaith cyfrifiadurol i ateb ei ddibenion ei hun.

a

am	at	can	ar	cap	ag
mam	bat	fan	car	map	bag
cam	mat	o dan	tar	tap	nag
jam		gan			
ham		pan			
dad					
a	ac	dal	cas	sâl	
da	nac	tal	ras	tân	
na		wal	haf	cân	
pa			caf		

Rhigwm:

Clap, clap, clap,
Tap, tap, tap,
Mam a dad
Yn canu rap.

Geiriau i'w darllen yn unig ar hyn o bryd:

| bach | llac | cath | rhag | rhad |
| sach | llall | math | rhan | rhaff |

Brawddegau i'w harddweud:

1. **Mae dad yn y fan.**
2. **Mae map gan dad yn y fan.**
3. **Mae ham yn y bag i dad gan mam.**

a

Beth yw brawddeg?

Gellid defnyddio'r eglureb ganlynol i geisio esbonio i'r disgybl beth yw brawddeg: mae brawddeg fel trên, gydag injan (llythyren fawr) ar y dechrau, nifer o gerbydau (geiriau) ac atalnod llawn ar y diwedd.

Mae   mam   yn   y   car   .

Dylai'r geiriau sydd mewn brawddeg wneud synnwyr.

Dull Cyflwyno'r Arddweud

Gweler Cyflwyniad i'r Rhaglen am gyngor ar sut i gyflwyno'r adrannau arddweud sy'n dilyn.

Brawddegau Ychwanegol

Ceir brawddegau ychwanegol ar ddiwedd yr adran er mwyn adolygu. Sylwer, fodd bynnag, fod y brawddegau hynny'n cynnwys llythrennau dwbl a dylid cymryd hynny i ystyriaeth cyn defnyddio'r brawddegau gyda'r disgybl.

Y geiriau edrych-a-dweud a gyflwynwyd hyd yma

y	yr	a'i
Mae	yn	a'r

e

Cysylltu sain â siâp y geg

Mae tynnu sylw'r disgybl at yr hyn a wna â'i geg wrth ynganu'r gwahanol seiniau yn help iddo wahaniaethu rhyngddynt. Byddai'n fanteisiol cael drych bach i'r disgybl gael gwylio'i geg ei hun wrth ynganu, yn ychwanegol at sylwi ar geg yr athro.

Geiriau ag acen grom arnynt

Ar hyn o bryd yn y rhaglen waith, nid yw cofio lle mae angen acen grom (to bach) yn haeddu blaenoriaeth. Mae digon o bethau eraill i'r disgybl eu cofio am y tro.

Os teimla'r athro y byddai'n beth doeth crybwyll y to bach a thynnu sylw'r disgybl ato nawr, gellid gwneud hynny drwy gyfrwng dywediadau fel:

to ar y tŷ ond nid ar y to

Y geiriau edrych-a-dweud a gyflwynwyd hyd yma

a'i	Mae	yn
a'r	y	yr

Brawddegau

Fel y soniwyd eisoes, mae'n werth atgoffa'r disgybl am yr angen i ddechrau brawddeg â llythyren fawr a gorffen ag atalnod llawn a hynny cyn iddo ddechrau ysgrifennu. Dylid gwneud hyn drwy ofyn a phrocio'i gof yn hytrach na dweud wrtho am wneud, er mwyn iddo arfer meddwl drosto'i hun.

e

del	er	ceg	pêl	
fel	ger	deg	mêl	
wel		teg		
fet	sêr	gêm	gên	
het	gêr		hen	
de	mi **ges** i	mêt	**pen**	ef
fe	mes	sêt	i **ben**	nef
te	nes		ar **ben**	

Geirau i'w darllen yn unig ar hyn o bryd:

　　rhes　　lle　　lles　　pell　　ffêr　　beth　　peth　　sedd

Brawddegau i'w harddweud:

1. **Mae pêl ar ben y wal.**
2. **Mae pêl Nel ar ben y wal wen.**
3. **Wel, wel mae pêl a gêm Ted ar ben y wal.**

Rhigwm:

Deg pêl ar ben y wal.
I lawr âg un
Beth am ei dal?

Naw pêl ar ben y wal ...

Wyth pêl ar ben y wal ... a.y.b

i

Rhigwm neu ymadrodd bachog

Mae cofio p'un ai **i**, **u** neu **y** sydd i'w ddefnyddio mewn gair yn anodd i'r disgybl. Mae ambell ddisgybl yn elwa o gael cynifer o'r geiriau ag sydd bosibl mewn brawddeg fachog neu mewn pennill, er enghraifft:

> **Dim i ti,**
> **Dim i mi,**
> **Ond tri darn cig**
> **I Mic y ci.**

Efallai y gall y disgybl, gyda chymorth yr athro, greu pennill neu frawddeg o'r fath ei hun. Fe fydd yn eu cofio'n well o'u gwneud ei hun. Gorau oll, o safbwynt cofio, os bydd y syniad sydd yn y pennill yn un doniol.

Y geiriau edrych-a-dweud a gyflwynwyd hyd yma

a'i	Mae	yn
a'r	Mae'r	yr
ei	y	

i

ci	hir	is	cig	pib	cic	cip
fi	sir	mis	pig	ar wib		
hi	tir	dis				
ni						
ti						
mi						

mil   tîm   dim   pin   min

rydw **i'n**

mae **hi'n**

Geiriau i'w darllen yn unig ar hyn o bryd:

chi   ddim   llif   nith
ffin   sill   rhif

Brawddegau i'w harddweud:

1. **Mae pib gan Wil.**
2. **Mae pib Wil yn ei geg.**
3. **Mae Wil yn mynd ar wib at y tîm.**

Rhigwm:

Dyma Wil y reff
Gyda'i bib,
Mae o'n mynd
Ar wib, ar wib.

o

Nodyn

Gellir tynnu sylw'r disgybl at y defnydd o'r acen grom (to bach) yn y fan hyn. Defnyddir yr acen grom ar y llafariaid i ddynodi sain hir o'i gymharu â sain byr, er enghraifft **môr** a **mor**.

Y geiriau edrych-a-dweud a gyflwynwyd hyd yma

a'i	i'r	Mae'n	yn
a'r	i'w	Mae'r	yr
ei	Mae	y	

o

bod	dos	hon	lôn	do
i fod	nos	ton	tôn	fo
dod	pôs		sôn	to
			bôn	
os	bol	ôl	cof	
bos	dol	nôl	côt	
		gôl	côr	
			môr	

Geiriau i'w darllen yn unig ar hyn o bryd:

boch	bodd	llo	ffon	holl
coch	modd		llon	hoff
moch	rhodd		llong	ffôs
				ffôn
				ffôl

Brawddegau i'w harddweud:

1. **Mae Bob ar y môr yn y nos.**
2. **Pam mae Bob yn dod yn ôl o'r môr?**
3. **O na! Mae Bob yn sâl môr!**

Rhigwm:

Mae dad yn sôn
Bod bwgan ar y lôn.
Mae o'n codi o'r ffos
Yn y nos.
O ... o ... o !

U

cul	un	cur	bu	hud
mul	fy hun	dur	du	mud
		pur	tu	
		sur		

Geiriau i'w darllen yn unig ar hyn o bryd:

dull   **llun**   **sudd**
ffug   **llus**   **budd**

Brawddegau i'w harddweud:

1. **Mae'r mul yn un du.**
2. **Roedd mul du ger y mur.**
3. **Mae'r mul du ger y mur ar ei ben ei hun.**

Cân (ar y dôn *Mae olwyn y bws yn troi a throi*):

**Mae plu'r deryn du yn ddu, ddu, ddu,
yn ddu ddu ddu, yn ddu, ddu, ddu,
Mae plu'r deryn du yn ddu, ddu, ddu,
Ond melyn yw ei bîg.**

**Mae plu'r iâr ddŵr yn ddu, ddu, ddu …
Ond coch yw ei bîg.**

Nodyn

Gan fod plant ardaloedd y de yn ynganu'r llythrennau **i, u** ac **y gynffon** fel **i**, cyfeirir at **u** fel **u bedol**.

Y geiriau edrych-a-dweud a gyflwynwyd hyd yma

a'i	i'r	Mae'n	Roedd	yr
a'r	i'w	Mae'r	y	
ei	Mae	o'r	yn	

w

cwt	gwn	twb	lwc	bws	cwm
pwt	hwn	hwb	jwg	sws	swm
twt					

Geiriau i'w cofnodi gyda tho bach:

sŵ   cŵn   gŵr
sŵn   dŵr   tŵr

Geiriau i'w darllen yn unig ar hyn o bryd:

cwch   pwll   rhwng   siŵr
hwch   twll   llwch

Brawddegau i'w harddweud:

1. **Roedd gwn dŵr gen i.**
2. **Mae'r gwn dŵr ar y bws.**
3. **Roedd dŵr o'r twb yn y gwn dŵr.**

Rhigwm:

**Deg o gŵn yn cadw sŵn,
Wrth ddrws y tŷ bach twt.
Deg o gŵn yn cadw sŵn,
I ffwrdd âg un i'r cwt.**

Naw o gŵn yn cadw sŵn, ...

Nodyn

Erbyn hyn gellir sôn bod y collnod yn dynodi bod llythyren neu lythrennau ar goll, er enghraifft, **ac yr → a'r**, **mae yn → mae'n**.

Y geiriau edrych-a-dweud a gyflwynwyd hyd yma

a'i	i'r	Mae'n	Roedd	yr
a'r	i'w	Mae'r	y	
ei	Mae	o'r	yn	

O GAM I GAM

y *gynffon*

cyn	dyn	byd	bys	tŷ	byw
hyn	hŷn	hyd	pys	ŷd	cyw
					yw

Geiriau i'w cofnodi wrth wneud llythrennau dwbl:

sych   bydd   llyn   byth   syth   rhy
sydd   dydd   llys   hyll   nyth   rhydd

Brawddegau i'w harddweud:

1. **Mae'r dyn yn mynd i'r tŷ.**
2. **Mae'r dyn yn byw yn y tŷ o hyd.**
3. **Cyn bo hir mae'r dyn yn mynd o'r tŷ.**

Rhigwm:

**Beth yw hyn?
Cyw bach gwyn
Yn byw mewn nyth
Ar ben y bryn.**

**Cyn bo hir
Bydd y cyw bach gwyn
Yn mynd o'r nyth
I weld y byd.**

Nodyn
Sylweddolir mai'r ddeusain **yw** a geir yn y geiriau **byw, cyw, fyw, yw**, yn hytrach na'r llafariad **y** ond cyflwynir y geiriau hynny yn awr er mwyn hwyluso creu brawddegau.

Y geiriau edrych-a-dweud a gyflwynwyd hyd yma

a'i	i'r	Mae'n	Roedd	yn
a'r	i'w	Mae'r	wedi	yr
ei	Mae	o'r	y	

34

y

dy	y	yma	dyma	ydy	ydw
fy	yn	yna	dyna	dydy	dydw
syr	yr				rydw

Geiriau deusill/curo dau
Gan fod y geiriau edrych-a-dweud a roddir yma yn rhai deusill, gellid eu cyflwyno ar gerdyn ar ddau ris fel y dangosir isod:

y‾na   y‾ma   y‾dy   y‾dw

dy‾na   dy‾ma   dy‾dy   dy‾dw   ry‾dw

Brawddegau i'w harddweud:
1. **Ydy dy fam yna?**
2. **Ydy mae Mam yma ac rydw i yma.**
3. **Rydw i a Mam yma a dyma Dad yn dod.**

Gêm Cofio:

Yn yr ysgol mae yna ystafell
Yn yr ystafell yn yr ysgol mae yna ffenest
Yn yr ystafell yn yr ysgol mae yna ffenest ac mae yna …

Y disgyblion yn ceisio cofio'r pethau a enwyd yn eu trefn ac yn ychwanegu un peth arall at y rhestr yn eu tro.

Y geiriau edrych-a-dweud a gyflwynwyd hyd yma

a'i	i'r	Mae'r	wedi
a'r	i'w	mynd	y
ei	Mae	o'r	yn
i fynd	Mae'n	Roedd	yr

O GAM I GAM

Y Fannod

Mae **y** ac **yr**, sef dwy o ffurfiau'r fannod, eisioes wedi eu cyflwyno fel geiriau edrych-a-dweud. Efallai y gellid bellach bod yn fwy penodol ynghylch y ffurfiau hyn.

Rhowch:
- **y** o flaen cytsain ac eithrio **h** er enhraifft, **y ci**, **y bêl**;

- **yr** o flaen llafariad ac o flaen **h**, er enghraifft, **yr afon**, **yr haf**;

- **'r** ar ol gair yn gorffen â llafariad, er enghraifft, **a'r het**, **i'r tŷ**, **talu'r arian**.

Bydd ffurf y fannod yn amrywio pan y daw o flaen **w**:
- **y** o flaen **w** gytsain sydd gan amlaf yn **gw** wedi treiglo'n feddal ac yn cael ei dilyn gan llafariad, er enghraifft, **y wal**, **y wiwer**

- **yr** o flaen deusain/llafariad clwm **wy**, sydd weithiau yn digwydd mewn gair lle mae **g** o flaen y ddeusain wedi treiglo'n feddal, er enghraifft, **yr ŵydd** ← **gŵydd**. Mewn geiriau eraill, er enghraifft, **yr wyth**, y ddeusain ei hun sy'n digwydd ar ddechrau'r gair.

Marc Cwestiwn

Mae'r marc cwestiwn wedi digwydd yn y brawddegau ambell dro. Efallai mai dyma'r amser i dynnu mwy o sylw ato.

Y geiriau edrych-a-dweud a gyflwynwyd hyd yma

a'i	i fynd	o'r	yma
a'r	i'r	Roedd	yn
dydy	i'w	rydw	yna
dydw	Mae	wedi	yr
dyma	Mae'n	y	
dyna	Mae'r	ydy	
ei	mynd	ydw	

Defnyddio ffurfiau'r fannod

Os yw'r athro'n awyddus i wneud mwy o waith yn benodol ar ffurfiau'r fannod, gellid cynnig ymarferion fel yr un isod.

Dywedwch y gair am bob llun. Rhowch **y** neu **yr** o flaen pob gair.

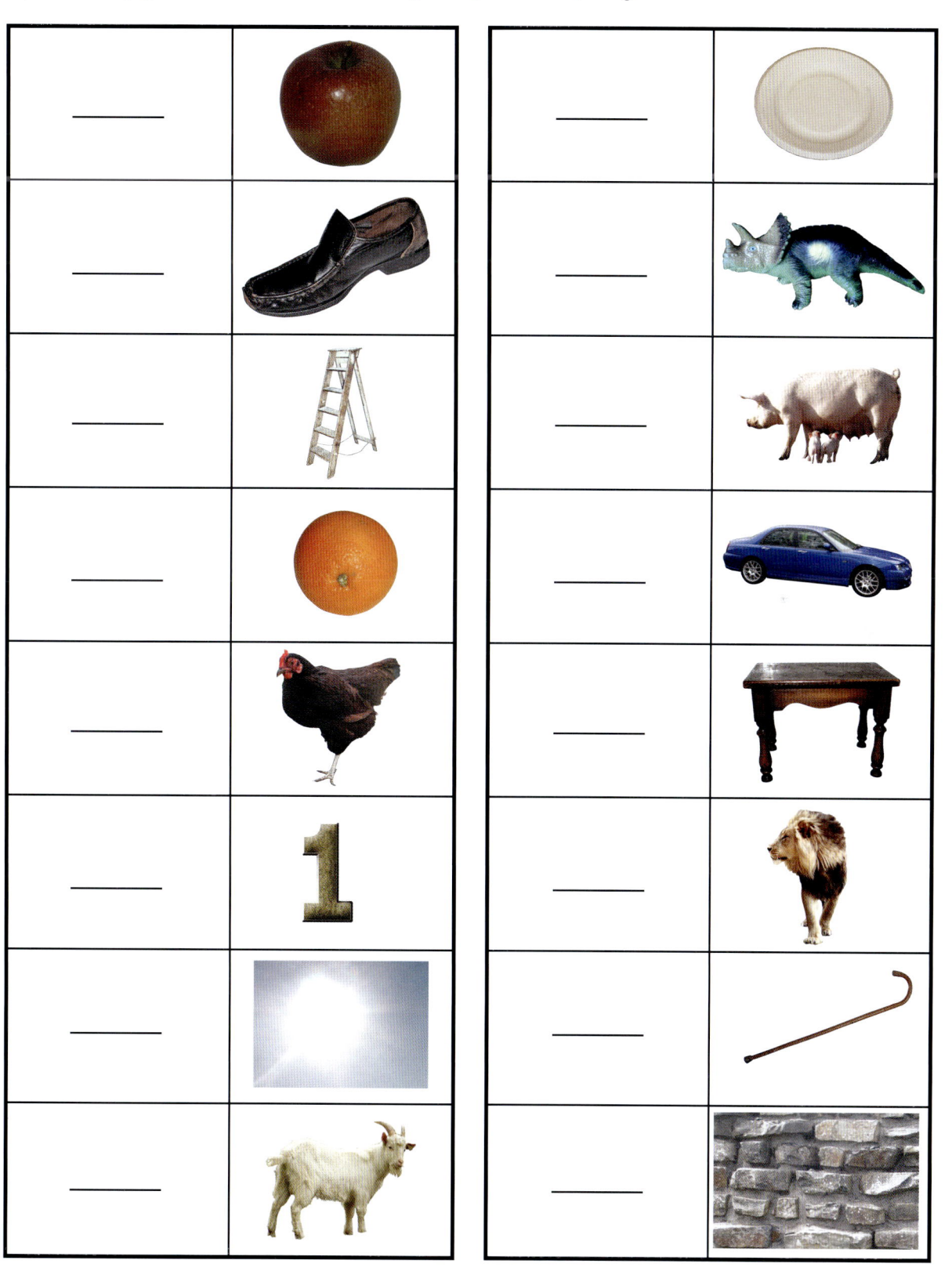

_____	(afal)	_____	(plât)
_____	(esgid)	_____	(deinosor)
_____	(ysgol)	_____	(mochyn)
_____	(oren)	_____	(car)
_____	(iâr)	_____	(bwrdd)
_____	(un)	_____	(llew)
_____	(haul)	_____	(ffon)
_____	(gafr)	_____	(wal)

37

Arddweud ychwanegol:

1. **Dyma Sam a Nel a'r ci.**
2. **Mae cap gan Sam.**
3. **Mae het wen gan Nel.**
4. **Tos ydy ci Sam a Nel.**
5. **Mae Sam a Nel a Tos ar lan y môr.**
6. **Mae cap Sam yn un du ac mae o ar ei ben.**
7. **Dyma gwch Sam a Nel ar lan y môr.**
8. **Roedd y cwch yn y dŵr.**
9. **Ydy'r cwch yn un glas fel y môr?**
10. **Nac ydy cwch coch ydy hwn.**
11. **Bydd Sam a Nel yn mynd yn y cwch cyn bo hir.**
12. **Ydy Tos yn mynd yn y cwch ar y môr?**
13. **Na dydy Tos ddim yn hoff o'r dŵr.**
14. **Bydd Tos yma pan mae Sam a Nel yn dod yn ôl.**

Bydd y disgybl yn gallu tynnu llun i ddangos yr hyn sydd yn y brawddegau a'i labelu er mwyn dysgu sillafu'r geiriau.

ADRAN 2

Cyflwyno'r Llythrennau dwbl

ch | dd | ll | th | rh | ng | ff | si | ph

Cyflwyno'r llythrennau dwbl

Cyn dechrau'r Adran hon, byddai'n fuddiol dilyn yr un drefn o brofi ag a wnaed ar ddechrau Adran 1.

- Rhoi prawf yn defnyddio croestoriad o eiriau Adran 2 (darllen a sillafu).
- Gwneud cofnod manwl o'r holl ymdrechion.

Gellid defnyddio'r profion a'r cynllun cofnodi sydd ar ddechrau Adran 1 yn batrwm a chynnwys croestoriad o eiriau Adran 2 yn lle Adran 1.

- Ar sail canlyniadau'r profion, llunio cynllun gwaith pwrpasol ar gyfer y disgybl unigol.

Wrth gyflwyno'r llythrennau dwbl sy'n achosi trafferth, mae'n bwysig tynnu sylw'r disgybl at safle'r tafod a'r gwefusau wrth ynganu'r seiniau. Mae defnyddio drych i weld yr hyn sydd yn digwydd yn cryfhau'r argraff ginesthetig.

Mae'n bwysig bod llawer o waith llafar yn cael ei wneud yn y cyfnod yma. Yn ddelfrydol dylai'r athro neu'r cynorthwy-ydd a'r disgybl wynebu ei gilydd fel bod y disgybl yn gallu dynwared siâp y geg a'r sain yn gywir. Byddai tynnu lluniau doniol neu ddefnyddio gwaith llafar, fel gwneud sŵn mochyn i gyflwyno'r llythyren **ch**, er enghraifft, yn dod ag elfen o hwyl i'r gwaith ac yn helpu'r cof.

Rhaid cofio peidio â thynnu gormod o sylw os bydd disgybl yn dioddef o nam ar y lleferydd. Yn hytrach dylid ymarfer un sain ar y tro am gyfnodau byr ac aml.

ch

bach	boch	chi	cwch	sych
yn **fach**	coch		hwch	
iach	yn **goch**			
sach	moch			

cap	ei **chap** hi
car	ei **char** hi
ci	ei **chi** hi
côt	ei **chôt** hi
cwch	ei **chwch** hi

Geiriau ychwanegol i'w hymarfer yn llafar ar hyn o bryd:

cloch	**chwerthin**	**mochyn**
chwarae	**chwiban**	**sychu**
chwech	**chwilio**	**uchel**

Brawddegau i'w harddweud:

1. **Dyma'r cwch bach coch.**
2. **Mae sach yn y cwch bach coch.**
3. **Mae'r sach yn sych yn y cwch bach coch.**

O GAM I GAM

ch

Rhigwm:
**Mae Mari fach yn chwilio
am ei chath, ei chi, ei chwiban,
ei chadair, ei chôt a'i choban.**

Cân (ar y dôn *Un bys, un bawd yn symud*):
**Mae chwech o foch yn rhochian,
Mae chwech o foch yn rhochian,
Mae chwech o foch yn rhochian,
Yn rhochian yn y mwd.**

**Mae chwech o foch yn 'molchi,
Yn 'molchi yn y twb.**

**Mae chwech o foch yn chwyrnu,
Yn chwyrnu yn y twlc.**

Y geiriau edrych-a-dweud a gyflwynwyd hyd yma

a'i	fynd	o'r	yma
a'r	i'r	Roedd	yn
dydy	i'w	rydw	yna
dydw	Mae	wedi	yr
dyma	Mae'n	y	
dyna	Mae'r	ydy	
ei	mynd	ydw	

dd

bedd	bodd	sudd	bydd
hedd	modd	budd	sydd
sedd			dydd

Geiriau ychwanegol i'w hymarfer yn llafar ar hyn o bryd:

ddoe	yn **ddewr**	i **ddarllen**
y **ddau**	at **ddrws**	rhyw **ddydd**
i **ddiolch**	dy **ddant**	i **ddiwedd**

Brawddegau i'w harddweud:

1. **Mae'r ddau gi yn ddu.**
2. **Ydy'r ddau gi yma bob dydd?**
3. **Dim ond un ci sydd am ddod i'r dŵr.**

Cân (ar y dôn *Mi welais Jac-y-do*):

Sut oedd y tywydd ddoe?
Sut oedd y tywydd ddoe?
Sut oedd y tywydd ddoe drwy'r dydd?
Sut oedd y tywydd ddoe?

Y disgyblion i ddweud pa air fyddai'n disgrifio'r tywydd ddoe:

braf/oer/gwlyb/gwyntog/niwlog

_____ **oedd y tywydd ddoe,**
_____ **oedd y tywydd ddoe,**
_____ **oedd y tywydd ddoe drwy'r dydd,**
_____ **oedd y tywydd ddoe.**

O GAM I GAM

Gêm
Gellir chwarae gêm wrth ddweud

Mae'r ddwy ddafad yn dda
Mae'r ddwy ddafad yn dda ac yn ddel
Mae'r ddwy ddafad yn dda ac yn ddel ac yn ...

Y plant i ychwanegu rhai o'r geiriau isod yn eu tro a cheisio cofio'r drefn wrth iddynt fynd yn eu blaenau.

da	yn **dda**	**del**	yn **ddel**
du	yn **ddu**	**drwg**	yn **ddrwg**
dewr	yn **ddewr**	**dig**	yn **ddig**
deg	yn **ddeg**	**dof**	yn **ddof**
dau	yn **ddau**	**distaw**	yn **ddistaw**

Y Treiglad Meddal
Bydd yr athro neu'r cynorthwy-ydd yn ymwybodol o'r ffaith mai mewn geiriau sydd â **d** ar y dechrau wedi eu treiglo'n feddal y digwydd **dd** ddechreuol, er enghraifft: **dol** → **y ddol**. Gall yr athro neu'r cynorthwy-ydd ddewis i ba raddau y mae am ddysgu rheolau treigladau yn ôl oed a gallu'r plentyn

Y geiriau edrych a dweud a gyflwynwyd hyd yma

a'i	ei	mynd	ydw
a'r	fynd	o'r	yma
chwarae	i'r	Roedd	yn
dydy	i'w	rydw	yna
dydw	Mae	wedi	yr
dyma	Mae'n	y	
dyna	Mae'r	ydy	

ll

llac	llen	lli	llo	llu
llam	lled	llif	llon	llun
lladd	lle	sill	ar goll	dull
llall	yn bell		holl	
call	pell		oll	
dall	yn well			

llwm	llyn
llwch	llyw
pwll	llys
twll	hyll

Geiriau ychwanegol i'w hymarfer yn llafar ar hyn o bryd:

llai	llaeth	allan	llawer
llaw	lleill	dillad	llydan
llew	llond	felly	llygad
lliw	lleuad	gallu	llythyr
llawn	llefrith	colli	llygod
llawr	llinell	arall	llygoden

Brawddegau i'w harddweud:

1. **Lle mae'r llo?**
2. **Ydy'r llo bach ar goll?**
3. **Mae'r llo yn cael llaeth wrth y llyn.**

O GAM I GAM

ll

Rhigwm:

**Heb ei sbectol mae Taid yn ddall,
Un par a'r goll a nam ar y llall.
Nawr mae Taid yn gallu gweld yn bell,
Ar ôl cael sbectol arall well.**

Gêm
Gêm lle mae'r plant yn gorfod meddwl am air sy'n cynnwys **ll** a sydd yn wrthrych mwy na'u llaw.

Mae fy llaw yn llai na'r lleuad, llew, llo, llenni, castell ...

th

bath	beth	nith	nyth
cath	peth		byth
math			syth

tad	ei **thad** hi
te	ei **the** hi
tîm	ei **thîm** hi
tŷ	ei **thŷ** hi
taid	ei **thaid** hi

Geiriau ychwanegol i'w hymarfer yn llafar ar hyn o bryd:

aeth	daeth	gwaith	gwerthu
arth	llaeth	saith	chwythu
wrth	saeth	taith	pethau
wyth	gwnaeth	chwith	popeth

Brawddegau i'w harddweud:

1. **Mae gen i wyth cath.**
2. **Aeth un cath ar daith.**
3. **Sawl cath sydd ar ôl? Saith wrth gwrs.**

Rhigwm:

Yr un peth ydy llefrith a llaeth,
Yr un fath ydy glan môr a'r traeth,
Mae ewythr yn perthyn i nith.
Nawr dangoswch llaw dde a llaw chwith.

O GAM I GAM

47

th

A fedrwch chi ddweud y frawddeg yma heb faglu?

Mae'r arth wen yn llithro i lawr y llethrau serth.

Y Treiglad Llaes

Bydd yr athro neu'r cynorthwy-ydd yn ymwybodol o'r ffaith mai mewn geiriau sydd â **t** ar y dechrau wedi eu treiglo'n feddal y digwydd **th** ddechreuol er enghraifft: **tad** → **ei thad hi**. Gall yr athro neu'r cynorthwy-ydd ddewis i ba raddau y mae am ddysgu rheolau treigladau yn ôl oed a gallu'r plentyn.

rh

rhag	rhiw	rhed	rhodd	rhwd	rhy
rhan	rhif	rhes	rhos		rhydd
rhad			rho		rhyw

Geiriau ychwanegol i'w hymarfer, yn llafar ar hyn o bryd:

rhai	rhaid	rhaglen
rhaff	rhedeg	rhosyn
rhaw	rhewi	rhyfedd
rhew	rhoi	rhybudd
rhiw	rhwyd	anrheg

Brawddegau i'w harddweud:

1. **Dyma ni yn rhedeg.**
2. **Mae rhai yn rhedeg mewn rhes.**
3. **Rhaid rhedeg a rhoi'r bêl yn y rhwyd.**

Rhigwm:

**O Mae'n rhaid i mi fynd i'r Rhyl
A bwced a rhaw
Yn fy llaw,**

**I godi tŵr
A rhuthro i'r dŵr.**

**Rhoi cregyn mewn rhes,
Cael het rhag y gwres.**

**Dal rhywbeth mewn rhwyd,
A rhannu bocs bwyd.**

**Rhedeg mewn ras
O dan awyr las.
O Mae'n rhaid i mi fynd i'r Rhyl.**

ng

Y Treiglad Trwynol

Bydd yr athro, wrth gwrs, yn ymwybodol o'r ffaith mai mewn geiriau sydd â **g** neu **c** ddechreuol wedi treiglo'n drwynol y digwydd **ng** ddechreuol, er enghraifft **gên** ond **fy ngên**. Gall yr athro/cynorthwy-ydd ddewis i ba raddau y mae am fanylu ar y rheol berthnasol i dreiglad pan fydd yn cyflwyno geiriau sy'n cynnwys **ng** ddechreuol.

Y geiriau edrych-a-dweud a gyflwynwyd hyd yma

a'i	ei	Mae'r	ydy
a'r	i fynd	mynd	ydy'r
chwarae	i'r	o'r	ydw
dydy	i'w	Roedd	yma
dydw	llyfr	rydw	yn
dyma	Mae	wedi	yna
dyna	Mae'n	y	yr

ng

bang	mwng	llong
	rhwng	ping-pong
		ding-dong
		bing-bong-bing-bong-be

gên	fy	**ngên**
gêm	fy	**ngêm**
gôl	fy	**ngôl**
gwn	fy	**ngwn**

Geiriau i'w darllen yn unig ar hyn o bryd:

congl	**angel**	**llongau**	**gollwng**
dringo	**angen**	**llongwr**	**cwningen**
	angor	**cyngor**	**cwningod**

Brawddegau i'w harddweud:

1. **Mae llong ar y môr.**
2. **Ding dong, mae cloch ar y llong.**
3. **Beth am gêm ping pong ar y llong?**

O GAM I GAM

ng

Cân:

**Clychau'n canu ar y llong,
Clychau'n canu ding-ding-dong,
Canu'r nos a chanu'r bore,
Clychau'n canu am y gore.**

**Bing-bong-bing-bong-be,
Bing-bong-bing-bong-be,
Bing-bong-bing-bong-be,
Bing-bong-bing-bong-be.**

**Peli'n sboncio ping-ping-pong,
Peli'n sboncio ping-ping-pong,
Peli'n sboncio nos a bore,
Peli'n sboncio am y gore.**

Bing bong bing bong be ...

ff

ffa	ffon	ffôn	ffin
rhaff	ffos	ffôl	
saff	hoff		
ffêr	ffwr	ffŵl	
	pwff		

Geiriau i'w darllen yn unig ar hyn o bryd:

ffair	ffrog	fforc	caffi
fferm	ffrind	ffordd	coffi
ffermwr	fflam	i ffwrdd	hoffi
fferins	Ffrainc	cyffwrdd	taffi
		Ffrangeg	cynffon

Brawddegau i'w harddeweud:

1. **Mae Ffred yn hoffi coffi.**
2. **Mae e'n hoffi coffi yn y caffi.**
3. **Mae ffon gan Ffred i fynd i'r caffi.**

ff

Cân (ar y dôn *Clementine*):

**Yfed coffi, yfed coffi
Yn y caffi yn y dref;
Dyna ydw i'n ei hoffi,
Yfed coffi yn y dref.**

**Prynu taffi, prynu taffi
Yn y siop sydd yn y dref;
Dyna ydw i'n ei hoffi,
Prynu taffi yn y dref.**

**Mynd i'r ffair 'nawr, mynd i'r ffair 'nawr,
Mynd i'r ffair sydd yn y dref;
Dyna ydw i'n ei hoffi,
Mynd i'r ffair sydd yn y dref.**

si

Cyflwyno'r sain 'sh'

Wrth gyflwyno'r sain hon, mae'n werth cofio am y gwahaniaeth a glywir o ardal i ardal wrth ymdrin â'r sain. Digwydd y sain gan amlaf mewn geiriau benthyg o'r Saesneg, er enghraifft, **siec**, **siop**, **sioc**. Pan ddaw ar ddechrau gair defnyddir y symbol **si** gan amlaf.

Fodd bynnag, ceir ambell air a fenthycwyd o'r Saesneg â'r sain hon ar ei ddiwedd, er enghraifft, **brws** a **ffres**. Dylid tynnu sylw'r disgybl at y geiriau hyn, lle ceir y symbol **s** yn cynrychioli'r sain 'sh' mewn rhai tafodieithoedd.

Mae'n bwysig nodi'r geiriau hynny sydd â'r symbol **si** ynddynt ond nad yw'r symbol honno'n cynrychioli'r sain 'sh', hynny yw, mewn sillafau lle nad oes llafariad arall heblaw'r **i**, er enghraifft, **simsan**, **sibrwd**, **sinema** a **siriol**. Dylid hefyd nodi bod tafodiaith ambell ardal yn ynganu rhai o'r geiriau hynny gydag 'sh' am yr **si**, er enghraifft, **sir**, **siswrn**, **siglo** a **sidan** mewn ardaloedd yn y de.

O GAM I GAM

si

siâp	sioc	siôl	siec	siŵr
siâr	siom		sied	
	siop			

Geiriau i'w darllen yn unig ar hyn o bryd:

pasio	briwsion	sianel
rasio	creision	siarad
brwsio	grisiau	siawns
trwsio	lleisiau	siocled
sgwrsio	losin	siopwr
ceisio	melysion	siwgr
dawnsio	eisiau	siwrne

Brawddegau i'w harddweud:

1. **Mae Siân yn y siop.**
2. **Mae Siân yn prynu siôl yn y siop.**
3. **Mae siec gan Siân i dalu am y siôl.**

Rhigwm:

**Siarad, siarad,
Siarad yn y siop.
Yna prynu creision,
Siocled a phop.**

ph

Cyflwyno'r llythyren ddwbl ph

Dylid cymryd pob gofal i beidio â drysu'r disgybl wrth gyflwyno'r symbol hon am y sain '**ff**'. Bydd y disgybl eisoes wedi cyfarwyddo â'r symbol **ff** yn cynrychioli'r un sain. Yr unig safle y defnyddir **ph** i gynrychioli '**ff**' yw ar ddechrau gair sydd â Threiglad Llaes o **p**, er enghraifft, **peth** ond **tri pheth**.

Os yw'r disgybl yn cael trafferth i wybod pryd i ddefnyddio **ph** yn hytrach na **ff**, gall y rheol ganlynol fod o gymorth:

Os yw'r gair yn gwneud synnwyr pan fyddwch yn newid y llythyren gyntaf i **p**, yna y symbol **ph** sy'n gywir, er enghraifft, **phen** a **pen**.

Os nad yw'r gair yn gwneud synnwyr pan fyddwch yn newid y llythyren gyntaf i **p**, yna y symbol **ff** sy'n gywir, er enghraifft, **ar y ffôn** ac **ar y pôn**.

O GAM I GAM

ph

pac	ei	**phac** hi
pen	ei	**phen** hi
pêl	ei	**phêl** hi
pig	ei	**phig** hi
pos	ei	**phos** hi
pwll	ei	**phwll** hi
pys	ei	**phys** hi

Mwy o eiriau i ymarfer eu treiglo, yn llafar ar hyn o bryd:

pabell	pedol	poced	plat
pader	pedair	potel	plant
parsel	pensil	pont	plentyn
parti	pentref	pump	pres
patrwm	pentwr	pwdin	pris
paent	peint	pysgodyn	pysgod

Brawddegau i'w harddweud:

1. **Mae ei phlu yn ddu.**
2. **Mae ei phen yn gam.**
3. **Mae â'i phen yn ei phlu heddiw.**

Rhigwm:

**Dyma'i phen
A dyma'i phig,
Dyma'i physgod
Yn lle cig,
Dyma'i phlu
A wel, wel, wel.
Dyma'i phump o gywion del.**

Nodyn

Efallai bod hwn yn gyfle da i atgoffa'r athro/cynorthwy-ydd y dylid dewis brawddegau yn y dafodiaith sy'n gyfarwydd i'r disgybl, er enghraifft dylid dewis naill ai brawddeg 9 neu frawddeg 10.

Arddweud Ychwanegol

Mae plant sy'n cael trafferth i ddarllen ac ysgrifennu yn drysu rhwng y llythrennau dwbl weithiau er enghraifft: **ch/ll dd/th ff/th** a hefyd **ff/f**.
Mae'r brawddegau yma'n rhoi cyfle i'r disgybl ddysgu gwahaniaethu rhwng y llythrennau dwbl drwy eu harddweud ac wedyn drwy eu darllen a'u hysgrifennu. Hefyd mae'n gyfle i adolygu'r llythrennau dwbl cyn symud ymlaen at y patrymau sillafu a fydd yn dilyn yn y rhaglen.

1. **Mae'r cwch coch yn llai na'r llong.**
2. **Dyma hoff lyfr fy ffrind.**
3. **Roedd fy ngafr yn eistedd ar fy nglin.**
4. **Dyna ble roedd ei chi bach hi.**
5. **Mae ei thaid yn byw ar y fferm.**
6. **Rydw i wedi rhoi'r rhaw yn y sied.**
7. **Bydd ei phêl yn saff yn ei phoced.**
8. **Roedd y gath ddu wrth y nyth.**
9. **Ydy o'n mynd yn syth o'r car i'r siop?**
10. **Ydy e'n mynd yn syth o'r car i'r siop?**

Rhigwm:

Dyddiau'r Wythnos

**Dydd Llun, dydd Mawrth, dydd Mercher –
Dyna'r wythnos ar ei hanner.**

**Dydd Iau, dydd Gwener wedyn ddaw –
Un dydd ar flaen pum bys fy llaw.**

**Dydd Sadwrn ar fy nghledr sydd –
Dydd i chwarae a bod yn rhydd.**

**Dydd Sul ydy'r seithfed enw –
Ar gefn fy llaw y rhoddaf hwnnw.**

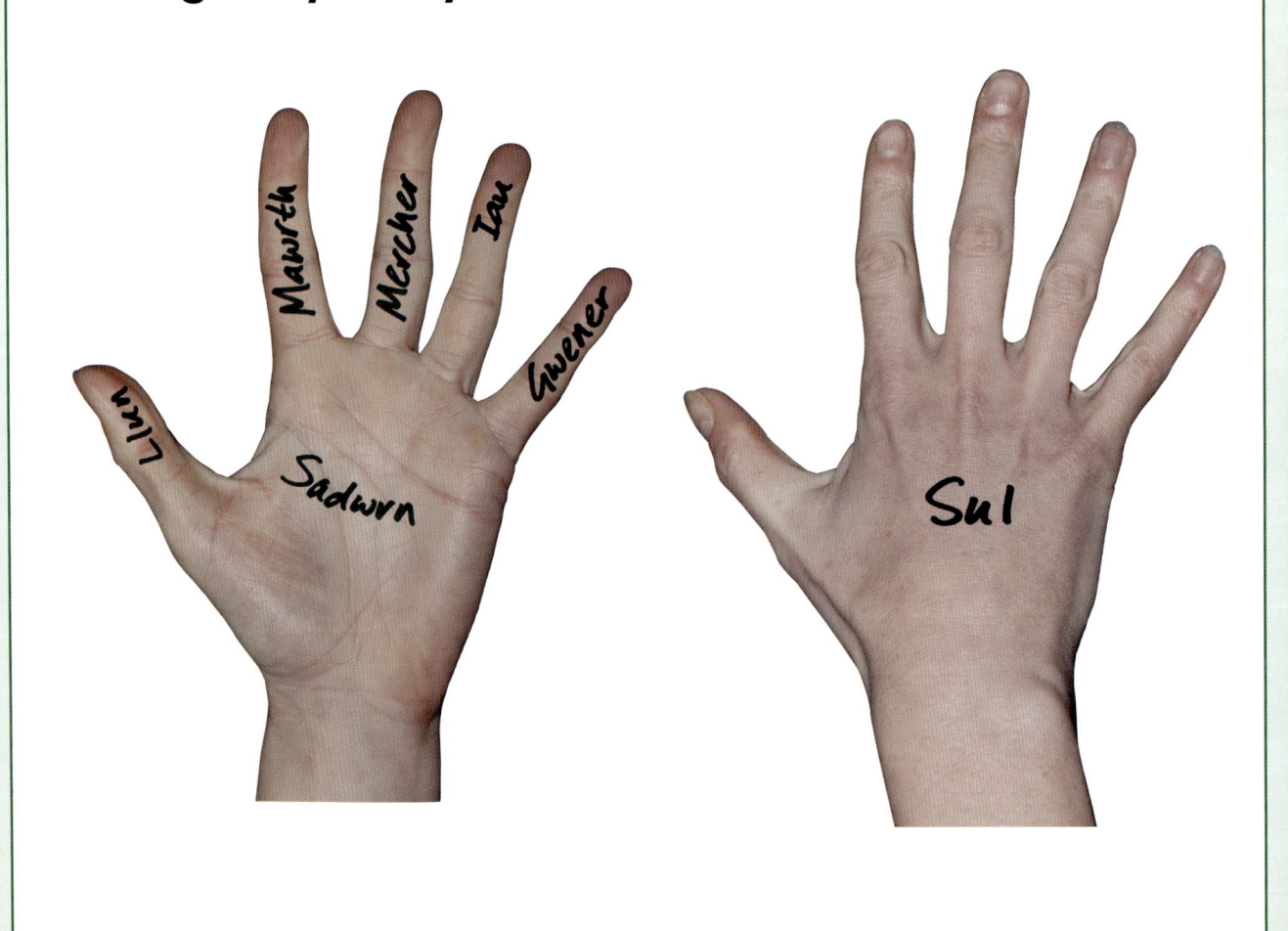

ADRAN 3

Cyflwyno Geiriau Amlsillafog

Cyflwyno Geiriau Amlsillafog

Gellid defnyddio'r ymadrodd 'geiriau curo 2', 'geiriau curo 3' ac yn y blaen i gyfeirio'n syml at eiriau amlsillafog.

Yn gyntaf, rhaid gwneud yn siŵr bod y disgybl yn gwrando. Rhaid iddo/iddi fod yn hollol ddistaw a pheidio â dweud dim. Mae'n bwysig i'r disgybl wrando ar yr athro'n dweud y gair ac yna bydd cyfle iddo ef/hi ddweud y gair ar ôl yr athro. Bydd yn rhaid atgoffa'r disgybl yn aml iawn mor bwysig ydy gwrando'n astud. Yna gellir:

- Curo'r sillafau â phensil ar y bwrdd i ddechrau ac yna clapio'r sillafau gyda'r dwylo. Dylid gwneud llawer o hyn yn llafar yn unig nes ei fod yn dod yn ddiymdrech i'r disgybl;
- Tynnu llun grisiau ar gyfer ysgrifennu'r sillafau fel y gwelir yn yr enghreifftiau sy'n dilyn;
- Dweud a churo'r sillaf cyntaf; ei hysgrifennu a'i darllen. Dweud a churo'r ail sillaf; ei hysgrifennu a darllen y gair cyfan;
- Gwneud digon o ymarferion rhannu geiriau a'u hysgrifennu ar risiau; eu darllen; lliwio'r llafariaid er mwyn atgoffa'r disgybl bod yn rhaid cael o leiaf un llafariad ym mhob sill.

Mae'n bwysig peidio symud ymlaen i gyflwyno geiriau trisill nes bydd y disgybl wedi llwyr feistroli trin geiriau deusill i ddechrau. Gall gymryd nifer o wythnosau i ambell ddisgybl deimlo'n hyderus wrth ymdrin â geiriau deusill.

Darllen y mewn geiriau amlsillafog.

Mae'n werth sylwi ar y rheol ganlynol wrth ddarllen **y** mewn geiriau lluosill:

Os daw **y** mewn sill heblaw'r sill olaf, y sain '**y**' fel sydd yn **syr** sydd iddi.

Os daw **y** yn sill olaf y gair, sain '**y gynffon**' fel ag yn **hyn** sydd iddi.

Dylid cofio y gall yr ynganiad amrywio o dafodiaith i dafodiaith. Clywir sain '**y gynffon**' mewn gair fel **gyda**, er enghraifft, mewn rhai ardaloedd yn y gogledd a'r de er nad yn y sill olaf y digwydd **y**.

Geiriau Curo Dau

Gellir defnyddio enwau personol ac enwau lleoedd sy'n gyfarwydd i'r disgybl i guro neu glapio'r geiriau amlsillafog. Gellir hefyd gwneud defnydd o offerynnau taro er mwyn creu amrywiaeth.

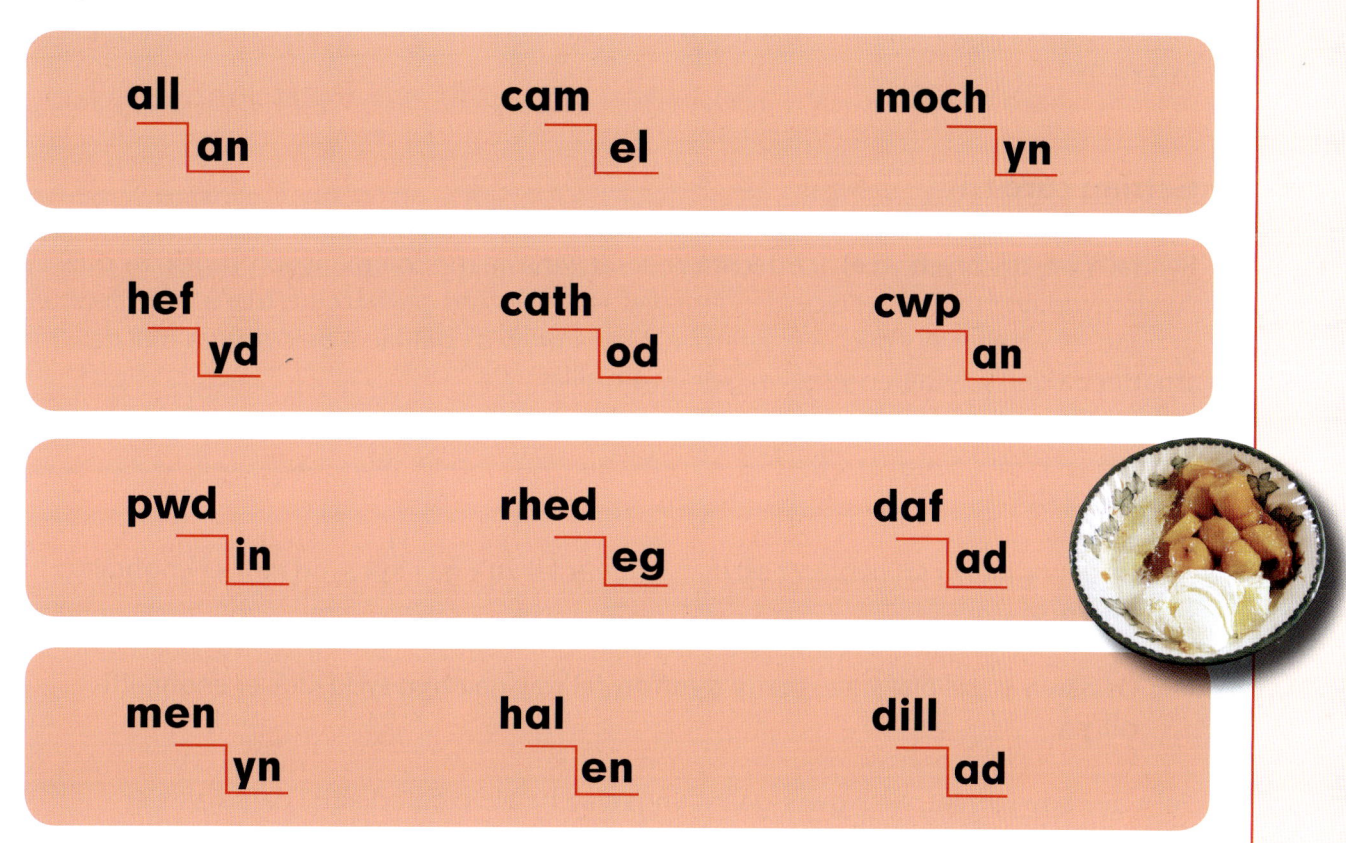

all — an	cam — el	moch — yn
hef — yd	cath — od	cwp — an
pwd — in	rhed — eg	daf — ad
men — yn	hal — en	dill — ad

Arddweud geiriau curo dau:

1. **Mae'r camel ar y tywod.**
2. **Roedd diod yn y cwpan.**
3. **Rydw i'n hoffi pwdin.**
4. **Mae menyn ar y bara.**
5. **Mae cathod bach yn ddel.**
6. **Dyma'r mochyn yn y cwt.**
7. **Rydw i'n hoffi oren.**
8. **Mae pupur a halen ar y bwrdd.**
9. **Mae Mam yn yfed coffi yn y caffi.**
10. **Ydy'r ceffyl yn hoffi afal a moron?**

Geiriau Amlsillafog

Dylai'r disgybl fod yn ddigon cyfarwydd â geiriau deusill erbyn hyn. Gall yr athro neu'r cynorthwy-ydd droi i Adran 6 a defnyddio rhai o'r geiriau sydd ynddi ar gyfer ymarferion a gemau curo dau. Rhaid bod yn ofalus i osgoi dethol geiriau sy'n cynnwys cytseiniaid clwm, llafariaid clwm (deuseiniaid) neu unrhyw batrwm sillafu nad yw'r disgybl wedi ei ddysgu hyd yn hyn.

Geiriau curo tri

Byddai'n werth edrych yn ôl ar ddechrau'r adran yma lle rhoddir manylion ynglŷn â'r dulliau i'w defnyddio wrth gyflwyno geiriau amlsillafog. Gellir torri geiriau curo tri a'u hysgrifennu ar risiau fel y gwelir ar y dudalen gyferbyn. Mae amryw o'r geiriau a geir yma yn rhai da i ymarfer darllen y llythyren **y** mewn geiriau amlsillafog.

Cofiwch y rheol

> Os daw **y** mewn sill heblaw'r sill olaf, y sain '**y**' fel yn y gair **syr** sydd iddi, er enghraifft: **dil/yn/ol**.

> Os daw **y** yn sill olaf y gai, sain '**y gynffon**' fel yn y gair **hyn** sydd iddi, er enghraifft **dil/yn**.

Fel y dywedwyd cynt, wrth gwrs, gall yr ynganiad newid o dafodiaith i dafodiaith, er enghraifft, clywir sain **'y gynffon'** mewn geiriau fel **gyda** mewn rhai ardaloedd yn y gogledd a'r de. Dylai'r athro neu'r cynorthwy-ydd gymryd hyn i ystyriaeth wrth drafod y pwynt hwn.

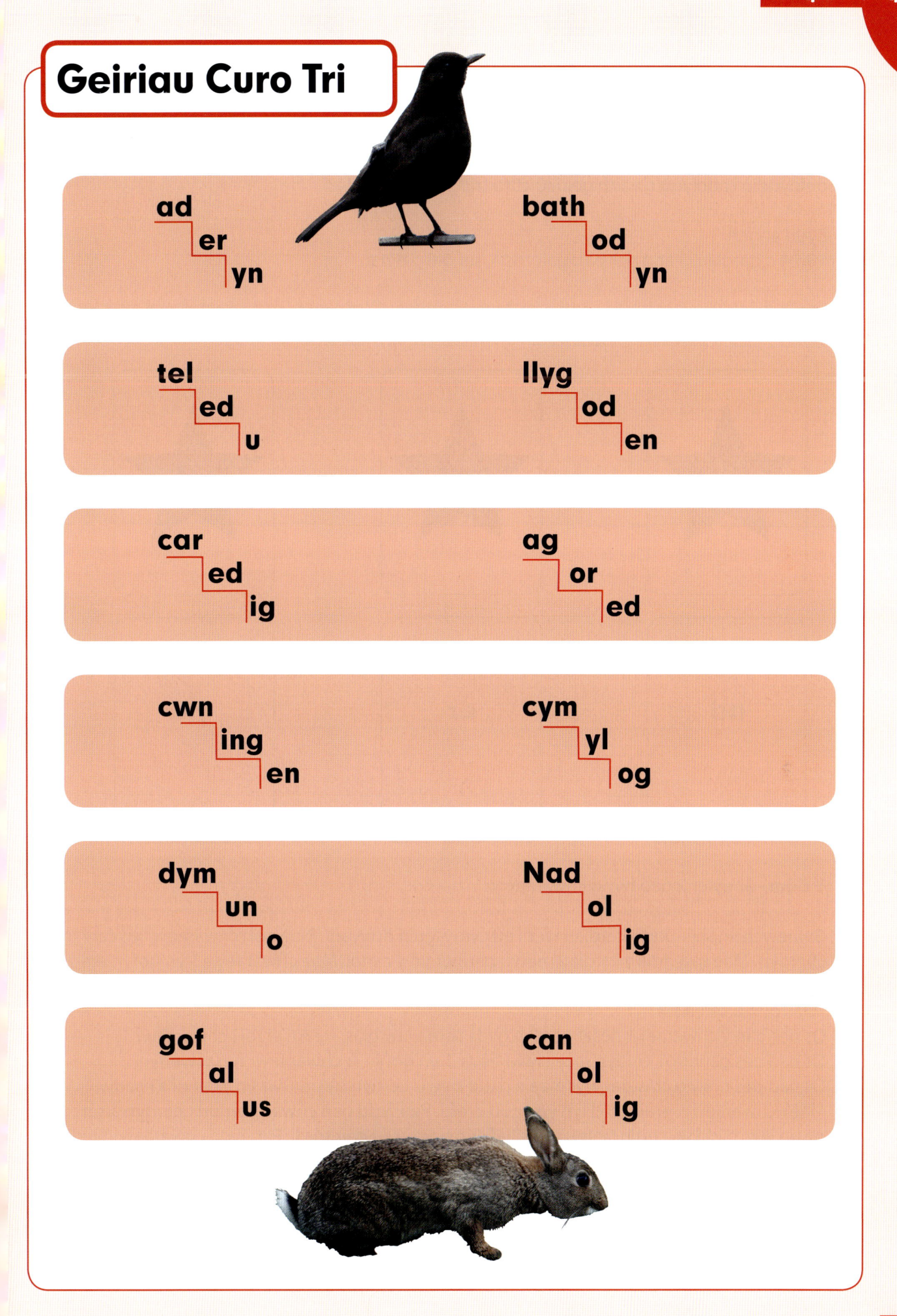

Geiriau Curo Tri

ad / er / yn

bath / od / yn

tel / ed / u

llyg / od / en

car / ed / ig

ag / or / ed

cwn / ing / en

cym / yl / og

dym / un / o

Nad / ol / ig

gof / al / us

can / ol / ig

Gêm Geiriau Curo Tri

Mae chwarae gêm yn ddull effeithiol iawn o ymarfer sillafu. Dyma enghraifft o gêm y gellir ei defnyddio i adolygu gwaith geiriau curo tri.

Bydd angen:
18-24 o gardiau, 3 ar gyfer pob gair trisill, sef 6-8 o eiriau.

Rhaid dewis lliw gwahanol i bob gair. Ar bob cerdyn dylid ysgrifennu un sill mewn siâp syml – balŵn, baner, seren, er enghraifft:

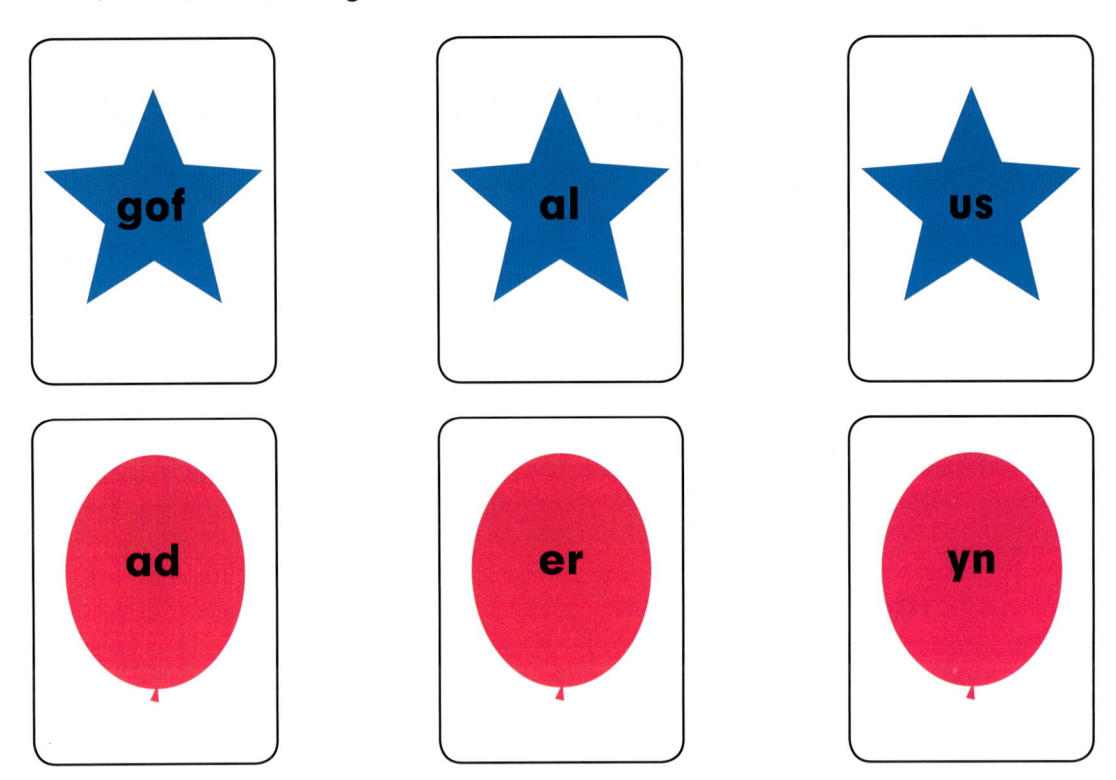

gof	al	us
ad	er	yn

Y Gêm - ar gyfer 2 neu fwy o chwaraewyr

Gwnewch yn siŵr bod y cardiau wedi eu cymysgu'n drwyadl. Mae pob chwaraewr yn cael tri cherdyn. Mae gweddill y cardiau mewn pentwr yn y canol. Mae chwaraewr 1 yn gofyn am gerdyn i'r chwaraewr nesaf er mwyn creu gair. Er enghraifft -
"Oes gen ti seren las?"
Os oes gan y chwaraewr nesaf gerdyn gyda seren lliw glas, mae'n ei roi i chwaraewr 1.
Os nad oes ganddo'r cerdyn mae chwaraewr 1 yn gofyn i'r chwaraewr nesaf wedyn.
Os nad oes mwy o chwaraewyr mae'n rhaid dewis cerdyn o'r pentwr yn y canol a'i gadw. Mae'r chwaraewyr eraill yn dilyn yn yr un drefn. Pan fydd gan chwaraewr dri cherdyn â sêr o'r un lliw, bydd yn ceisio trefnu'r tri sillaf er mwyn creu gair trisill. Pan fydd chwaraewr wedi sillafu gair yn gywir bydd yn cael codi tri cherdyn arall o'r pentwr yn y canol. Y chwaraewr sydd â'r nifer fwyaf o eiriau trisill pan fydd y cardiau i gyd wedi eu cymryd yw'r enillydd. Gellir ychwanegu mwy o eiriau er mwyn i'r disgyblion gael mwy o ymarfer darllen a sillafu geiriau trisill.

Brawddegau i'w harddweud:

1. **Dyma'r pypedwr caredig.**
2. **Mae'r pypedwr ar y teledu.**
3. **Oes gan y pypedwr byped yn y bag?**
4. **Oes, mae yna un pyped cwningen ac un pyped llygoden.**
5. **Mae'r pypedwr yn dal pob pyped yn ofalus.**
6. **Dyna byped tylluan ac aderyn mawr hefyd.**
7. **Mae'r llygoden yn chwarae gyda'r gwningen.**
8. **Pam mae pig y dylluan yn agored?**
9. **Mae'n codi ac yn ymosod ar y llygoden.**
10. **Mae'r aderyn mawr yn mynd ar ôl y dylluan.**
11. **Nid yw'r dylluan yn dod yn ôl.**
12. **Mae'r llygoden a'r gwningen yn chwarae yn hapus eto.**

Gall y disgyblion greu pypedau a gwneud eu sioe eu hunain er mwyn eu helpu nhw i ynganu geiriau trisill yn gywir.

O GAM I GAM

Misoedd y Flwyddyn

Ionawr, Chwefror, Mawrth yn dri –
Gaeaf oer i chi a fi.

Ebrill, Mai, Mehefin wedyn –
Dail yn agor yn y gwanwyn,

Gorffennaf, Awst a Medi braf –
Hip hip hwre, rwy'n hoffi'r haf.

Hydref, Tachwedd, yna Rhagfyr –
Hwyl i chi a Nadolig difyr.

ADRAN 4

Cyflwyno Cytseiniaid Clwm

CYTSEINIAID CLWM

Cyflwyno'r cytseiniaid clwm

Gellir atgoffa'r disgybl am y disgrifiad yn Adran 1 wrth adeiladu geiriau, sef bod sillaf yn debyg i fisgeden hufen gyda bisgeden (cytsain) un ochr, hufen (llafariad) yn y canol a bisgeden (cytsain) yr ochr arall.

Mewn llawer o eiriau Cymraeg ceir cytsain glwm yn lle cytsain sengl. Weithiau bydd cytsain glwm (dwy fisgeden) ar un ochr, llafariad (hufen) yn y canol a chytsain sengl (bisgeden) ar yr ochr arall, er enghraifft: **pren** a **pont**. Weithiau ceir cytseiniaid clwm y ddwy ochr i'r llafariaid, er enghraifft: **plant**.

Hefyd ceir rhai geiriau ac ynddynt glymiadau tair cytsain, er enghraifft: **sbri**, **sgrin**, **sglein**, **dysgl**.

Mae'r clymiadau canlynol ymhlith y rhai sy'n digwydd ar ddechrau gair.

bl	**br**	**cn**	**sbl**
cl	**cr**	**sb**	**sgl**
ffl	**dr**	**sg**	**gwl**
gl	**ffr**	**sl**	**sbr**
pl	**gr**	**st**	**sgr**
pr	**tl**	**tr**	**str**
cw	**gw**	**chw**	**gwr**
			sgw

Nodyn

Mae llafariaid clwm fel **aw**, **wy**, **ai**, **ei**, **au** ac **ew** yn digwydd yn rhai o'r geiriau a welir yn yr Adran hon. Dylai'r athro neu'r cynorthwy-ydd gymryd hynny i ystyriaeth wrth ddewis pa eiriau i'w cyflwyno i'r disgybl. Gwelir ymdriniaeth mwy manwl o lafariaid clwm yn Adran 5.

Cytseiniaid clwm ar ddechrau gair

br	bl	cr	cl
braf	blas	crac	clap
bron	ble	crib	clec
bryn	blin	crud	clip
brigyn	bloc	crys	cloc
brawd	blodyn	crwn	clun
brenin	blwch	cragen	clwb

ffr	ffl	gr	gl
ffrâm	fflach	grât	glas
ffres	fflam	graff	glân
ffrio	fflat	grug	glin
ffrog	ffliw	grŵp	glo
ffrind	fflŵr	grym	glud
ffrwyth	fflachio	grisiau	glaw

O GAM I GAM

71

Cytseiniaid clwm

Cyfrif w yn gytsain

Gan fod y disgybl eisioes yn gyfarwydd â'r llythyren **w** fel llafariad sy'n cynnal sillaf, er enghraifft, twt, bydd angen tynnu ei sylw at y ffaith fod **w** weithiau yn gweithredu fel cytsain.

Bydd angen cyflwyno'r clymiadau **cw**- er enghraifft: **cweryla** a **cwato**; **gw** - er enghraifft: **gwenu** a **gwyn**; **chw**- er enghraifft: **chwim** a **chwilen**

Ceir yr **w** gytsain mewn clymiad tair cytsain weithiau, er enghraifft **sgw**- yn y gair **sgwâr**. Mae'r rhain yn digwydd fel arfer mewn geiriau wedi eu benthyg o eiriau Saesneg yn dechrau â **squ**-.

Rhigwm:

> **Un chwaer yn chwerthin,**
> **Un chwaer yn chwarae,**
> **Un chwaer yn chwilota,**
> **Un chwaer yn chwysu,**
> **Un chwaer yn chwibanu,**
> **Un chwaer yn chwynnu,**
> **A dyna ni!**
> **Chwe chwaer gwerth chweil!**

Cytseiniaid clwm ar ddechrau gair

chw	cw	gw	pr
chwalu	cwac	gwan	pram
chwech	cweir	gwedd	pren
chwith	cwis	gwenu	pris
chwyn	cwato	gwir	prom
chwaer	cweryl	gwyn	pryd
chwilen	cwestiwn	gweld	prynu

tr	st	sg	dr
trap	staff	sgip	dros
tref	stêm	sgôr	drud
tri	stop	sgubo	drwg
tro	stôl		drwm
trwyn	stŵr	**tl**	drych
trydan	stumog	tlws	dresel
		tlawd	

O GAM I GAM

Clymiadau tair cytsain

Cyfeirwyd cynt at gytseiniaid clwm sy'n cynnwys tair cytsain, er enghraifft **sgl**, **sgr**, **sgw**, **gwl**, **gwr** a **str**. Yn achos y geiriau â chlymiadau'n dechrau â'r llythyren **s** gwelir bod amryw ohonynt yn ffurfiau llai ffurfiol ar eiriau sydd ag **y** ar y dechrau, er enghraifft, **sgrifen** yn lle **ysgrifen**, **sbwriel** yn lle **ysbwriel**.

Nodyn

Mae llafariaid clwm fel **aw**, **wy**, **ai**, **ei**, **au** ac **ew**, yn digwydd yn rhai o'r geiriau sydd yn yr Adran hon. Dylai'r athro gymryd hynny i ystyriaeth wrth ddewis pa eiriau i'w cyflwyno i'r disgybl. Gwelir ymdriniaeth mwy manwl â llafariaid clwm yn Adran 5. Sylwer hefyd bod rhai geiriau yn cynnwys cytsain clwm ar ddiwedd sillaf. Ceir ymdriniaeth mwy manwl o gytseiniaid clwm ar ddiwedd gair neu sillaf yn nes ymlaen yn yr Adran hon.

Cytseiniaid clwm ar ddechrau gair

cn	sb	sl	pl
cnau	sbâr	slap	plas
cnaf	sbel	sled	plât
cnoc	sbon	slic	plu
cnu	sbaner	slot	plwg
cnwd	sbectol	slei	plant
cnoi	sbwriel	sleisen	pleser

sgl	sgw	sgr	str
sglein	sgwâr	sgrap	strap
sglodion	sgwier	sgrech	strôc
sglefrio		sgrîn	stryd
		sgriw	streic
		sgrifen	streipen
		sgrwbio	straeon

gwl	gwr
gwlad	gwrach
gwlân	gwres
gwledd	gwrid
gwlith	gwrych
gwlyb	gwraig
gwlâu	gwregys

Rhigwm:

**Gwrach y Gwrych ar hen ysgub bren
Yn gwau a gwibio ar draws y nen.**

**Gwrach y Gwrych a'i gwallt fel gwellt
Yn gwichian a gweiddi yng ngolau'r mellt.**

Brawddegau i'w harddweud:

1. **Dyma grŵp o blant ar y grisiau.**
2. **Ydy'r plant yn mynd am dro i'r dref?**
3. **Pryd fydd y plant yn prynu tocyn i fynd ar y trên?**
4. **Glas yw'r trên sy'n dod am un o'r gloch.**
5. **Mae'r plant yn cael pleser ar y trên bach.**
6. **Fflach a fflam, clic a chlec a dyna'r trên yn dod.**
7. **Stop! Mae'r tren stêm yn y dref.**
8. **Yn y siop mae crys a chrib i Dad.**
9. **Ble mae blodau tlws i Mam?**
10. **O roedd hi'n braf cael mynd fel brenin ar y trên.**

Cyflwyno Cytseiniaid Clwm ar ddiwedd gair neu sillaf

Gellid cyfeirio'n ôl at y syniad o'r fisgeden hufen yma. Y tro hwn, wrth gwrs, mae'r ddwy fisgeden (y gytsain glwm) yn dod ar ôl yr hufen (y llafariad) ac nid o'i blaen, er enghraifft, **cân** a **cant**; **deg** a **desg**. Digwydd ambell enghraifft o glymiad tair cytsain ar ddiwedd sill, er enghraifft, **llestr** a **dysgl**.

Ymhlith y cytseiniaid clwm a geir ar ddiwedd sillaf mae'r canlynol:

bl	gr	rc	dl	thr	rch
fl	str	rd	gl	fft	rdd
ngl	llt	rf	sgl	lc	rff
dn	lch	rl	fn	ld	rm
gn	ls	rn	br	lt	rs
chr	mp	rt	dr	nc	rth
fr	nd	sg	ffr	nt	st

O GAM I GAM

r mewn cytsain glwm

rc	rch	rd	rdd
marc	march	iard	gardd
parc	parch	bord	cerdd
fforc	arch	tyrd	ffordd
corcyn	merch	cerdyn	i ffwrdd
twrci	serch		cerdded
hercian	twrch		cwpwrdd

rf	rff	rl	rm
barf	sarff	perl	fferm
berf	sgarff	merlyn	storm
torf	corff	merlen	gormod

rt

cart

pert

sbort

hurt

parti

cortyn

78

r mewn cytsain glwm

rn	rs	rth	br
darn	gwers	arth	gwobr
corn	cors	nerth	llwybr
dwrn	cwrs	torth	
ffwrn	pwrs	wrth	
cyrn	parsel	dosbarth	
siswrn	gwersi	gwerthu	

chr	ffr	dr	gr
ochr	deffro	budr	hagr
dechrau	cyffro	gwydr	siwgr
dychryn	dyffryn	neidr	teigr
		adran	llygru
		medru	dagrau
		pydru	llygredd

fr	thr	str
gafr	llethr	llestri
gwifren	llithro	rhestr
llwfr	ewythr	ffenestri
llyfr	athro	
llefrith	sathru	
hofran	llithren	

Brawddegau i'w harddweud:

1. **Beth sydd yn y cwpwrdd? Darn o dorth a siwgr.**
2. **Mae Marc yn y parc yn bwyta twrci efo fforc.**
3. **Mae gan Sali'r sarff sgarff hir, hir o gwmpas ei chorff.**
4. **Tyrd i brynu cerdyn ar gyfer parti Iestyn.**
5. **Merlyn bach mewn storm o law,
   Syrthiodd ar ei ben i ganol y baw.**
6. **Gwelais arth yn bwyta torth wrth y dosbarth.**
7. **Mae e wedi gorfod torri ei farf hir, blêr.**
8. **Dydy'r neidr ddim yn gweld drwy'r gwydr budr yn y ffenestri.**

Cytseiniaid Clwm ar ddiwedd gair neu sillaf

Rhigwm:

Ci yn cyfarth,
Ci yn cyfarth;
Ble mae o?
Wel ar y buarth.

Pwy sy'n rhochian,
Soch, soch, soch?
Pwy ydyn nhw?
Wel, y moch.

Gweiddi, gweiddi,
Gobl, gobl, di!
Pwy ydy hwn?
Yr hen dwrci.

Pwy sy'n sleifio yn y nos
I ddwyn yr ieir oddi ar y clôs?
Sleifio heibio twlc y moch,
Pwy ydy hwn?
Yr hen gadno coch.

Wel dyna sŵn a dyna gyffro
Tybed fydd y ffermwr yn deffro?

O GAM I GAM

Cytseiniaid Clwm ar ddiwedd gair neu sillaf

nc	nd	nt
banc	band	cant
tanc	ffrind	pont
pinc	llond	punt
sbonc	ond	gwynt
ifanc	stondin	helynt
sionc		

fn	lch	ngl
cafn	balch	sengl
cefn	calch	congl
ofn	gwalch	triongl
dwfn	golchi	onglau
llyfn	bwlch	englyn
defnydd	cylch	onglydd

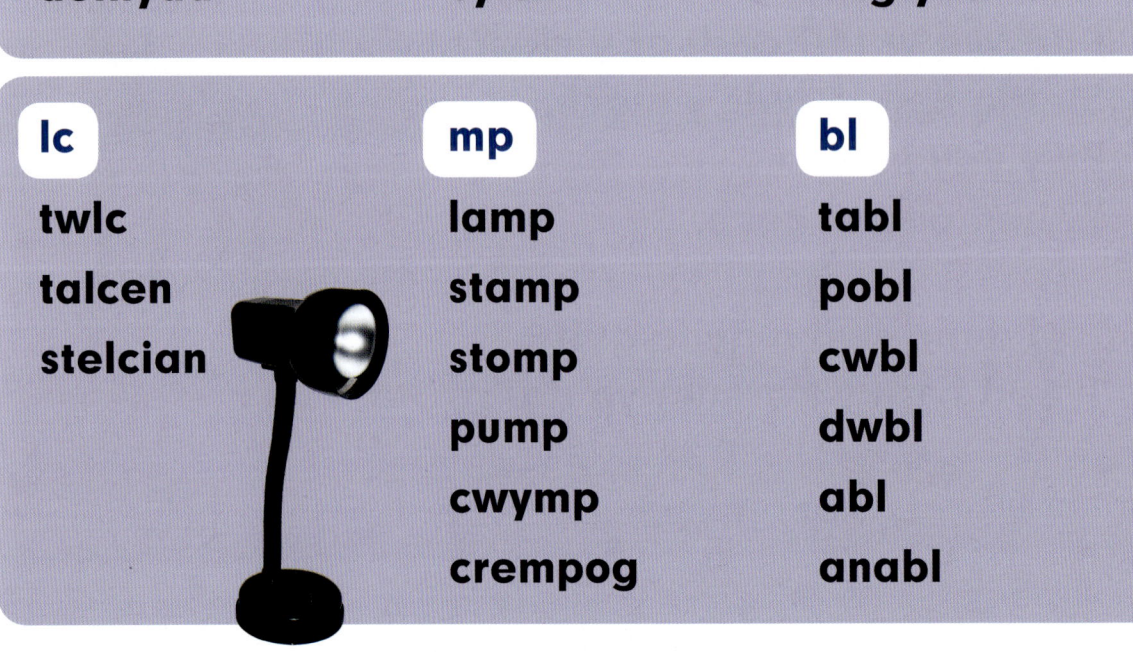

lc	mp	bl
twlc	lamp	tabl
talcen	stamp	pobl
stelcian	stomp	cwbl
	pump	dwbl
	cwymp	abl
	crempog	anabl

Cytseiniaid Clwm ar ddiwedd gair neu sillaf

ld
gweld
seld
ildio

ls
ffals
teilsen
pilsen

lt
ffelt
cwilt
pelten

llt
hallt
allt
gwellt
gwyllt
milltir

dl
dadl
hidlo
rwdlan
sawdl
anadl
odli

fl
taflu
gwefl
taflen
cofleidio

gl
baglu
siglo
arogli
cwrwgl
perygl
eglwys

sgl
rhisgl
dysgl
casglu

fft
crefft
grifft
llofft

st
gast
cist
tost

sg
tasg
desg
llosgi
cwsg
dysgu
ysgol

gn
dogn
egni
sugno

O GAM I GAM

Brawddegau i'w harddweud:

1. **Wiwer fach yn dringo'r rhisgl gyda dysgl i gasglu cnau.**
2. **O ben yr allt rydw i'n gweld y mellt.**
3. **Mae pysgotwr yn y cwrwgl ar y dŵr.**
4. **O'r llofft rydw i'n gweld grifft yn y pwll.**
5. **Rhoddodd y bachgen winc ar y ferch yn y wisg binc.**
6. **Roedd yn mynd yn gynt na'r gwynt. Pam? Doedd o ddim wedi talu'r rhent.**
7. **Mae arna i ofn cael cwymp i'r dŵr dwfn yn y cafn.**
8. **Does dim dant gan yr hen ŵr sy'n gant.**
9. **Roedd yr heddlu'n falch ar ôl dal y gwalch.**
10. **Yn yr ysgol dysgodd bob tabl wedi'r cwbl.**

Treigladau

Dylid cofio bod llythrennau ar ddechrau geiriau Cymraeg yn treiglo dan amgylchiadau penodol. Mae'r tabl yn dangos y llythrennau sy'n newid a'r modd y maen nhw'n newid.

Y Treiglad Meddal	Y Treiglad Trwynol	Y Treiglad Llaes
p → b	p → mh	p → ph
t → d	t → nh	t → th
c → g	c → ngh	c → ch
b → f	b → m	
d → dd	d → n	
g → -	g → ng	
ll → l		
m → f		
rh → r		

Gweler enghreifftiau o'r treigladau sy'n digwydd ar ôl ffurfiau'r rhagenwau personol blaen.

Treigladau

pen	**tafod**	**ceg**
fy **mhen** i	fy **nhafod** i	fy **ngheg** i
dy **ben** di	dy **dafod** di	dy **geg** di
ei **ben** ef	ei **dafod** ef	ei **geg** ef
ei **phen** hi	ei **thafod** hi	ei **cheg** hi

braich	**dannedd**	**gwallt**
fy **mraich** i	fy **nannedd** i	fy **ngwallt** i
dy **fraich** di	dy **ddannedd** di	dy **wallt** di
ei **fraich** ef	ei **ddannedd** ef	ei **wallt** ef
ei **braich** hi	ei **dannedd** hi	ei **gwallt** hi

llaw	**menig**	**rhaw**
fy **llaw** i	fy **menig** i	fy **rhaw** i
dy **law** di	dy **fenig** di	dy **raw** di
ei **law** ef	ei **fenig** ef	ei **raw** ef
ei **llaw** hi	ei **menig** hi	ei **rhaw** hi

O GAM I GAM

Arddweud y Treigladau

1. "Agor dy geg," meddai'r deintydd.
2. Wel, mae dy dafod yn hir fel tafod llyffant!
3. Wyt ti'n glanhau dy ddannedd bob bore a nos?
4. Rhoddodd y deintydd bigiad yn fy ngheg.
5. Yna tynnodd fy nant drwg.
6. "Oes gen ti gur yn dy ben? gofynnodd Mam.
7. "Mae dy law di'n oer fel rhew," meddai.
8. Wyt ti wedi colli dy fenig?
9. Beth am fynd i wylio dy hoff raglen deledu?
10. Yna mynd i'r bath a golchi dy wallt.

ADRAN 5

Cyflwyno'r Deuseiniaid/Llafariaid Clwm

ai | oi | aw | wy | ae

au | oe | ei | eu | ia

io | ew | iw | uw | yw

ai

Cyflwyno'r Llafariaid Clwm

Gan fod y geiriau 'cytseiniaid clwm' wedi eu defnyddio yn Adran 4 ar gyfer cwlwm o ddwy neu dair cytsain a bod disgyblion yn gyfarwydd â chael dwy lythyren yn gweithio fel uned, dylai fod yn haws felly iddynt ddeall ystyr y geiriau 'llafariaid clwm' neu 'deuseiniaid'. Oherwydd hyn, defnyddir y geiriau 'llafariad glwm' drwy weddill y llyfr.

Cyflwyno'r Llafariad Glwm 'ai' mewn terfyniadau

Pan fydd y disgybl yn gyfarwydd â'r sain 'ai' gellir defnyddio ffurfiau'r ferf neu ffurfiau lluosog rhai geiriau i'w hymarfer. Y ffurfiau mwyaf cyfarwydd fyddai ffurf person cyntaf a ffurf ail berson gorffennol y ferf. Er enghraifft:

gwelais i – mi **welais** i   **gwelaist** ti – mi **welaist** ti
rhedais i – mi **redais** i   **rhedaist** ti – mi **redaist** ti

Cymysgu Llafariaid Clwm Tebyg Eu Sain

Un o'r gwallau sillafu sy'n digwydd amlaf yn y Gymraeg ydy cymysgu geiriau sy'n cael eu sillafu ag **ai**, **ae** ac **au**, er enghraifft:

        mai a **mae**   **cae** a **cau**

Bydd angen llawer o ymarfer er mwyn i'r disgyblion fedru gwahaniaethu rhwng y rhain ond dylid ceisio tynnu sylw o'r dechrau at eiriau cyffredin fel **mai** (*that*) a **mae** (o'r ferf bod). Rhoddir mwy o sylw i hyn yn nes ymlaen yn y llyfr.

ai

ai	ffair	craith	cymaint
bai	gair	ffaith	faint
llai	genwair	gwaith	maint
mai	gwair	iaith	
nai	pedair	saith	
rhai	tair	taith	

cyfaill	baich	brain	ail
naill	braich	chwain	bugail
paill		drain	dail
		nain	
		y rhain	
		sain	

defaid
llaid
naid
paid
rhaid
taid

codais i **codaist** ti **darllenais** i **darllenaist** ti

Darllen

Mae angen gwneud digon o ymarferion datgymalu geiriau er mwyn hwyluso darllen. Gellir gwneud ymarferion drwy ddefnyddio cerdyn wedi ei dorri fel y dangosir isod. Bydd y cerdyn yn dangos rhan o'r gair yn unig. Er enghraifft:

gwaith   gwai**th**

Gall y disgybl ddefnyddio'r cerdyn hwn pan ddaw at air sy'n peri trafferth yn ei lyfr darllen hefyd. Gall y cerdyn fod yn gymorth i gadw lle ar y dudalen gan y bydd disgyblion yn aml yn colli eu lle wrth ddarllen.

Nodyn

Byddai'n werth tynnu sylw'r disgybl at y ffurfiau syml sy'n swnio'n debyg ond sy'n cael eu sillafu'n wahanol. Er nad ydynt ond un sillaf yr un, maent yn gallu peri cryn ddryswch.

ai	Gofyn cwestiwn yw gwaith hwn,	e.e.	**Ai Mair sy'n dod?**
âi	'arferai ef/hi fynd' yw ystyr hwn,	e.e.	**Âi Mair ar ei gwyliau i'r Alban bob blwyddyn.**
a'i	'and his/her/its' yw ystyr hwn,	e.e.	**Y fam a'i merch.**
â'i	'with his/her/its' yw ystyr hwn,	e.e.	**Mae'n cicio'r bêl â'i droed chwith.**
	hefyd		
	'as his/her/its' yw ei ystyr arall,	e.e.	**Roedd y rhosyn mor goch â'i boch hi.**

ai

Brawddegau i'w harddweud:

1. **Fi gafodd y bai am daro'r plant llai.**

2. **Mae nain yn sownd yn y drain!**

3. **Roedd haid o wenyn yn hedfan ar ôl taid.**

Sillafu
Os bydd disgybl yn cael digon o gyfle i ddarllen cytseiniaid clwm a llafariaid clwm (yn ddelfrydol, yn ddyddiol) ni ddylai gair fel **braich** fod yn anodd wedyn.

Gêm
Gellir addasu'r gêm a ddisgrifiwyd yn Adran 4 i ymarfer llafariaid clwm a chytseiniaid clwm. Y tro hwn, yn lle torri'r geiriau yn ôl y sillafau, gellir eu torri'n gytseiniaid clwm, llafariaid clwm a llythrennau dwbl, er enghraifft:

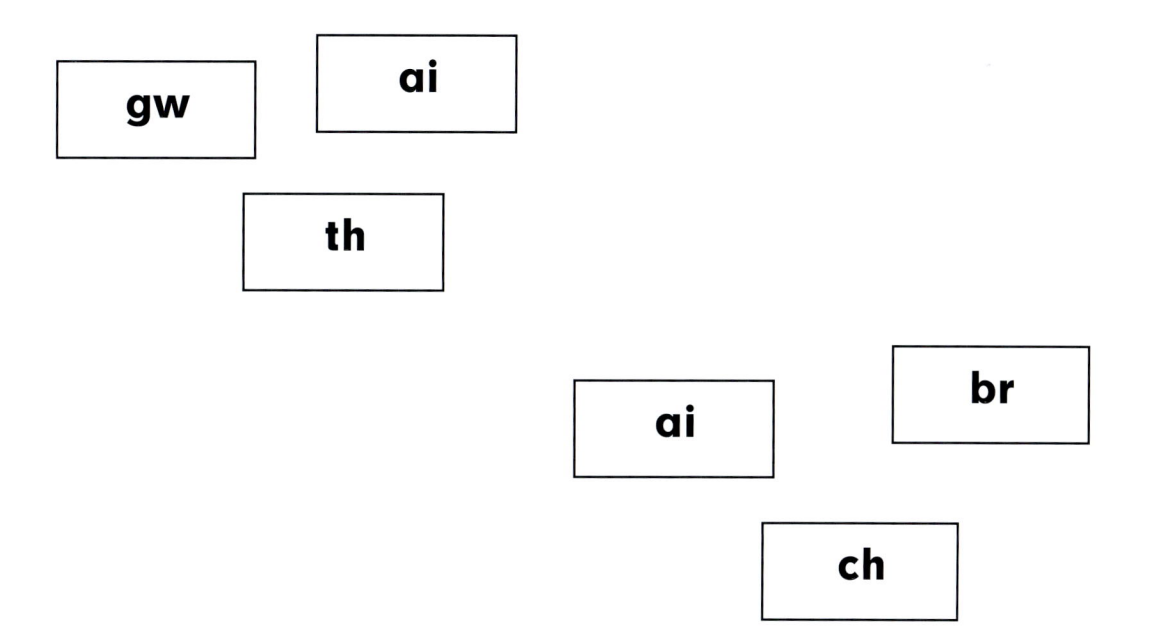

gw	ai
	th

ai	br
ch	

Bydd angen rhoi'r un patrwm ar gefn pob cerdyn sy'n perthyn i'r un gair.

oi

ffoi cloi
lloi cnoi
rhoi osgoi
      troi

Brawddegau i'w harddweud:

1. **Rydw i'n osgoi cloi drws cwt y lloi.**

2. **Pam? Achos mae'n anodd troi'r allwedd yn y clo.**

3. **Mae'r ci bach wedi cnoi fy esgid!**

Gellir gofyn i'r disgybl liwio pob gair sy'n cynnwys y patrwm **oi** yn y brawddegau hyn.

Stori Babwshca:

1. **Roedd Babwshca'n osgoi mynd gyda'r tri dyn i chwilio am y brenin newydd.**

2. **O'r diwedd roedd yn troi'r allwedd yn y clo ac yn cloi'r drws.**

3. **Roedd Babwshca eisiau rhoi anrheg i'r brenin hefyd.**

4. **Ar ol cyrraedd y stabl roedd Mair, Joseff ac Iesu wedi ffoi i'r Aifft.**

5. **Roedd Babwshca'n troi yn ôl am adref yn drist.**

aw

awr	awn	hawdd
cawr	**chawn** ni ddim	hinsawdd
gwawr	iawn	nawdd
llawr	llawn	
mawr	pe **bawn** i	
nawr	prynhawn/p'nawn	

bawd	caws	cawl
blawd	haws	hawl
brawd	saws	sawl
sawdl		
tlawd		
unawd		

baw	awyr
draw	awyren
glaw	cawod
llaw	llawen
naw	pawen
rhaw	tawel

prawf

aw

Brawddegau i'w harddweud:

1. **Help! Mae'r cawr mawr yn dod.**

2. **Hwre, mae o wedi syrthio ac yn gorwedd yn y baw.**

3. **Da iawn, chawn ni ddim problem nawr.**

aw

wy

Cyflwyno'r sain 'wu'

Bydd yn rhaid esbonio i'r disgybl bod angen ysgrifennu **wy** pan glywir y llafariad glwm '**wu**', er enghraifft **dwy** a **mwy**. Rhaid pwysleisio mai **y gynffon** yw'r llythyren sy'n dilyn **w** mewn geiriau fel hyn.

Nodi'r gwahaniaeth rhwng y llafariad glwm 'wu' a'r cyfuniad o 'w' gytsain + y llafariad 'y'

Erbyn hyn, byddai'n fuddiol atgoffa'r disgybl am yr **w** gytsain sy'n digwydd yn y cytseiniaid clwm **gw**, **cw**, **chw** ac ati. Gellir edrych yn ôl i Adran 4 er mwyn adolygu'r geiriau hynny.

Bydd yn rhaid atgoffa'r disgybl bod rhai geiriau sy'n ymddangos yn debyg i eiriau â'r llafariad glwm **wu** ynddyn nhw ond mewn gwirionedd sillafau'n cynnwys **w** gytsain a'r llafariad glir **y** yn ei dilyn ydyn nhw. Er enghraifft, **gwyn** ac **yn wyn** o'r un gair; hefyd **chwyn**.

Os bydd yr athro neu'r cynorthwy-ydd yn teimlo bod y disgybl yn barod , gellir cyflwyno to bach mewn geiriau o'r fath i ddangos gwahanol ystyron.

- Er mwyn gwahaniaethu rhwng **ei gŵyn** (o'r gair **cwyn**) a'r gair gwyn.
- Er mwyn gwahaniaethu rhwng **ei chŵyn** (o'r gair **cwyn**) a'r gair chwyn.
- Er mwyn gwahaniaethu rhwng **gŵyr** (*he/she knows*) a **gwŷr** (lluosog y gair **gŵr**).

Cymysgu wy ac yw

Cyfeiriwyd eisoes at y llafariad glwm **yw** yn Adran 1. Gellir tynnu sylw'r disgybl at y tebygrwydd rhwng y ddwy ffurf **wy** ac **yw** a'r gwahaniaeth rhyngddynt.

mwy	**byw**
dwy	**cyw**
llwy	**rhyw**

O GAM I GAM

wy

dwy	chwydd	rwyf
drwy	rhwydd	rwyt
llwy	swydd	dwyt ti ddim
mwy		
nwy		
pwy		

bwyd	clwyf	dwyn
llwyd	plwyf	llwyn
rhwyd	rhwyf	er mwyn
		pwynt
		trwyn
		ŵyn

ffrwyth	gŵyl	crwydro
llwyth	hwyl	gwydr
wyth	morthwyl	

ar bwys	cŵyr
pwys	hwyr
pwyso	llwyr

Geiriau Amlsillafog

Ceir llawer o enghreifftiau o'r llafariad glwm **wy** mewn geiriau amlsillafog, hynny yw, geiriau curo dau neu eiriau curo tri. Gweler Adran 3 am ymdriniaeth fanwl o eiriau o'r math hwn.

Yr Acen
Fel rheol, mae'r acen mewn gair Cymraeg yn disgyn ar y sillaf olaf ond un. Ceir eithriadau, ond gwell fyddai osgoi rheiny ar hyn o bryd. Fodd bynnag, gellir dechrau trafod acen mewn gair fel a ganlyn:

- Gofyn i'r disgybl pa sill yn y gair sy'n drwm am ein bod yn rhoi pwyslais arni;
- Gofyn i'r disgybl roi llinell ar ôl y darn trwm, er enghraifft

$$\text{cad}^{/} \quad\quad\quad \text{cad}$$
$$\quad\; \text{wyn} \quad\quad\quad\quad \text{wyn}^{/}$$
$$\quad\quad\quad\quad\quad\quad\quad\quad\quad\quad \text{au}$$

- Gellir defnyddio geiriau o Adran 3 i ymarfer hyn.

Bydd gweithio ar safle'r acen mewn gair yn rhagarweiniad i waith dyblu **n** a gyflwynir yn Adran 7. Bydd hefyd yn gymorth i'r disgybl ynganu geiriau dieithr pan fydd yn chwilio amdanynt mewn geiriadur ac ati.

Geiriau Curo Dau Neu Dri

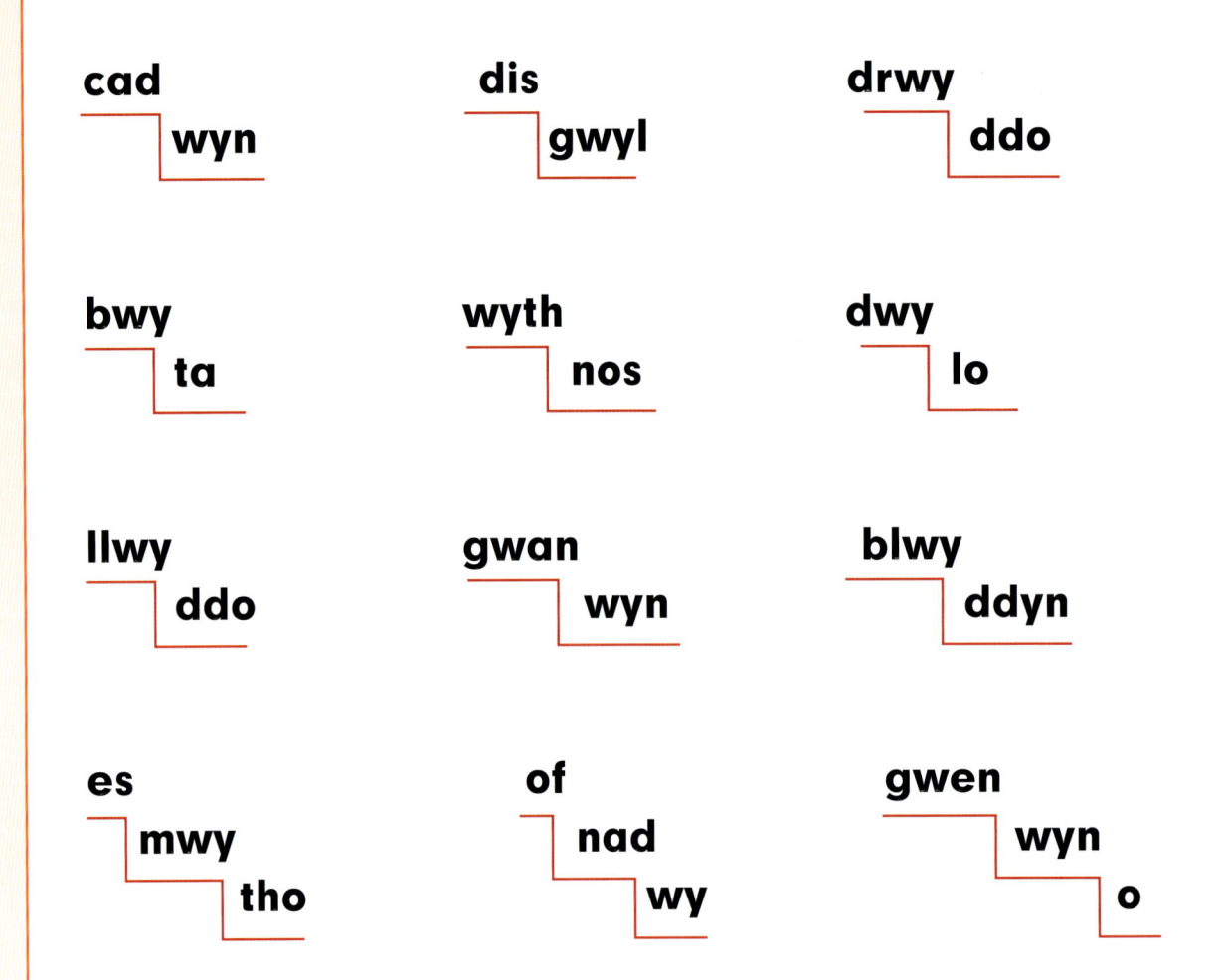

cad — wyn

dis — gwyl

drwy — ddo

bwy — ta

wyth — nos

dwy — lo

llwy — ddo

gwan — wyn

blwy — ddyn

es — mwy — tho

of — nad — wy

gwen — wyn — o

Enghreifftiau ychwanegol:

bwydo	arwydd	llwytho	crwydryn
llwynog	nodwydd	pwytho	ffrwydro
llwyfan	esmwyth	ystwyth	trwydded

Terfyniad Ffurf Amhersonol Gorffennol Berfau

Terfyniad ffurf amhersonol gorffennol perffaith berfau yw **wyd**. Gellir defnyddio'r ffurf honno mewn unrhyw ferf y mae'r disgybl eisoes yn gyfarwydd â'r elfennau eraill sy'n perthyn i'r gair.

Byddai'n ddoeth glynu at y berfau symlaf ble mae'n haws ffurfio'r amhersonol heb newid y llafariad ym môn y gair.

Dyma rai o'r ffurfiau hawsaf yn dangos y terfyniad **wyd**:

codi	**codwyd**	**darllen**	**darllenwyd**
canu	**canwyd**	**ysgrifennu**	**ysgrifennwyd**
torri	**torrwyd**	**penderfynu**	**penderfynwyd**

Brawddegau i'w harddweud:

1. **Pwy sydd wedi dwyn y llwy?**
2. **Rydw i'n bwyta ffrwyth bob dydd.**
3. **Mae trwyn da gan y ci i arogli.**

ae

Cyflwyno'r Llafariad Glwm ae

Mewn rhai ardaloedd nid oes gwahaniaeth rhwng ynganiad y llafariaid clwm **ai**, **ae** ac **au**. Mae hyn yn golygu ei bod yn anodd gwahaniaethu rhyngddynt a'u sillafu'n gywir.

Mewn ambell ardal mae gwahaniaeth yn hyd y sain **a** yn y llafariaid clwm y cyfeiriwyd atynt uchod: mae **ae** yn cynrychioli llafariad glwm ag **a** hir, tra bo **au** ac **ai** yn cynrychioli llafariad glwm ag **a** fer fel rheol.

Mae'r gwahaniaeth yn yr ynganiad hwn yn hwyluso'r dewis o ba batrwm i'w ddefnyddio, er enghraifft, gellir dweud wrth y disgybl bod yn rhaid ysgrifennu **ae** pan glywir y sain **âu**.

Parau ag ystyron gwahanol

ae		ai	
bae	*bay*	**bai**	*fault*
mae	*he/she/it is*	**mai**	*that*
maen	*stone*	**main**	*slender*
taer	*earnest*	**tair**	*three*
llaes	*long*	**llais**	*voice*
gwaeth	*worse*	**gwaith**	*work*
llaeth	*milk*	**llaith**	*damp*
saeth	*arrow*	**saith**	*seven*

ae

mae	aeth	bae
mae'n	daeth	cae
mae'r	gwnaeth	chwarae
	llaeth	ffrae
	traeth	ffraeo
		gaeaf
blaen	gwaed	aer
craen	gwaedu	caer
paent	traed	chwaer
		maer
		pensaer
		saer
ael	Cymraes	baedd
cael	llaes	baeddu
gadael	maes	gwaedd
gafael		
gwael		
gwaelod		
Cymraeg	llenyddiaeth	
Saesneg	gwyddoniaeth	
Almaeneg	daearyddiaeth	
Sbaeneg	cerddoriaeth	
Gaeleg	barddoniaeth	

ae

Brawddegau i'w harddweud:

1. **Gwnaeth Siân gastell tywod ar y traeth.**

2. **Pensaer ydy fy chwaer a saer ydy fy mrawd.**

3. **Rhoddodd waedd pan ddaeth y baedd gwyllt tuag ato.**

au

Cyflwyno'r Llafariad Glwm au

Fel y soniwyd eisoes, mae'n bur debyg y bydd disgyblion yn cymysgu rhwng y symbolau **ae** ac **au**. Gall gwahaniaethu rhwng sain y llafariaid clwm 'âu' ac 'au' fod yn arbennig o anodd i ddisgyblion o rai ardaloedd ble nad oes unrhyw wahaniaeth yn yr ynganiad. Mae angen rhoi cryn sylw i'r geiriau hynny sy'n swnio'r un fath ond sydd ag ystyr wahanol, er enghraifft y parau canlynol:

ae		au	
aer	*air*	**aur**	*gold*
cae	*field*	**cau**	*to close*
hael	*generous*	**haul**	*sun*

Mae'n werth nodi hefyd mai yn sill olaf gair y digwydd **au** amlaf. Pan ychwanegir sillaf at air sydd ag **au** ynddo bydd fel rheol yn troi'n **eu**, er enghraifft **haul** ond **heulog** ac **aur** ond **euraidd**.

Nodyn

Sylwer yn arbennig ar sut y caiff gwahanol rannau o'r ferf **cau** eu sillafu. Er mai **u** sydd ar ddiwedd y berfenw, **e** sydd ar ddiwedd bôn y ferf ac felly yn y ffurfiau **caeaf**, **caeodd** ac ati, a hefyd yn yr enw **caead**.

Ffurfiau Lluosog Enwau

Gyda llawer o enwau Cymraeg, ychwanegu **au** neu **iau** a wneir at y bôn i lunio'r lluosog. Gweler yr enghreifftiau drosodd:

au

cau	ninnau
dau	hithau
ffau	tithau
hau	dechrau
cnau	gorau
gwau	maddau

Ffurfiau Lluosog

cae	caeau	cap	capiau
llyfr	llyfrau	côt	cotiau
sêdd	seddau	ffrind	ffrindiau
darn	darnau	esgid	esgidiau
llwybr	llwybrau	darlun	darluniau
ffrwyth	ffrwythau	peth	pethau

au

Colli'r to bach mewn ffurfiau lluosog

Defnyddir to bach mewn rhai geiriau unsill i wahaniaethu rhyngddynt a geiriau eraill sy'n debyg o ran eu sillafu. Fodd bynnag, fel rheol pan fydd y terfyniad lluosog **au** yn cael ei ychwanegu, bydd y to bach yn cael ei golli. Er enghraifft:

côr	**corau**	**pâr**	**parau**
sgwâr	**sgwariau**	**tân**	**tanau**
tôn	**tonau**	**trên**	**trenau**

Rhaid bod yn ofalus pan fo geiriau â'r un ffurf yn y lluosog yn ogystal ag yn yr unigol. Mewn geiriau felly, mae'n well cadw'r to bach ar y ffurf lluosog hefyd er mwyn osgoi trafferth. Er enghraifft:

| **gem** | **gemau** (*gems*) | **gêm** | **gêmau** (*games*) |
| **tap** | **tapiau** (*taps*) | **tâp** | **tâpiau** (*tapes*) |

Y fannod ar ôl y terfyniad au

Yn Adran 1 wrth ymdrin âg **y gynffon** a ffurfiau'r fannod, tynnwyd sylw at ddefnyddio'r ffurf **'r** yn dilyn geiriau sydd yn gorffen â llafariad. Gan fod ymadroddion yn cynnwys gair lluosog â'r terfyniad **au** yn cael ei ddilyn gan y fannod ac enw arall yn digwydd yn gyffredin, da o beth fyddai adolygu'r rheol hon yma. Er enghraifft:

bagiau'r plant   **llyfrau'r athro**   **siopau'r dref**

au

Brawddegau i'w harddweud:

1. **Mae'r ffermwr yn hau hadau yn y caeau.**

2. **Rhaid eistedd yn eich seddau ac yna cau y drysau.**

3. **Pwy sydd wedi cael cwpanau aur yn y gêmau?**

Broc Môr

Tyrd gyda mi i lawr i'r traeth
I lan y môr a'r tonnau.
Mae yno sbwriel o bob math –
Rhyw gant a mil o bethau.

Mae potiau paent a chlytiau,
Hen ddrysau pren a matiau,
Cadeiriau rhacs a chaniau gwag,
Teganau blêr a phlatiau.

Olwynion ceir a phramiau ,
Esgidiau heb eu gwadnau,
Hen gardiau post â'u lluniau lliw
A dillad brwnt mewn bagiau.

oe

Cyflwyno oe

Bydd y disgybl yn gyfarwydd â'r llafariad glwm **oi**. Fel gyda'r llafariaid clwm eraill sy'n cynnwys **i**, **u**, ac **e** mae'n debyg y bydd rhai disgyblion yn cael anhawster i wahaniaethu rhwng **oi**, **oe** ac **ou**.

Prin iawn yw'r enghreifftiau o **ou** ond fe'i gwelir mewn geiriau sy'n cynnwys y terfyniad - **us** mewn ansoddair. Er enghraifft:

cyffrous

Y terfyniad lluosog - oedd

Mae'r llafariad glwm **oe** yn digwydd yn y terfyniad lluosog –**oedd** ac felly ceir nifer fawr o enghreifftiau o hyn:

mil	**miloedd**
mis	**misoedd**
silff	**silffoedd**
milltir	**milltiroedd**
mynydd	**mynyddoedd**
ystafell	**ystafelloedd**

ei

Cyflwyno ei

Cynrychiolir y sain hon gan y llafariad glwm **ei**. Gellir atgoffa'r disgyblion eu bod yn adnabod y gair, **ei**, a gyflwynwyd yn air edrych a dweud yn Adran 1.

Mae'n debyg y bydd y llafariaid clwm **ei** ac **eu** yn drysu'r disgyblion hynny nad ydynt yn gwahaniaethu wrth ynganu'r seiniau hyn.

Byddai'n fanteisiol iawn i'r disgybl wybod y gwahaniaeth rhwng y ddau air bach canlynol sy'n achosi llawer o gamgymeriadau wrth ysgrifennu Cymraeg.

ei = his/her/its   **eu** = their

Byddai'n gyfle da hefyd i adolygu'r treigladau sy'n digwydd ar ôl y geiriau bach hyn. Er enghraifft:

Mae **ei dad ef** yn gweithio.

Mae **ei thad hi** yn gweithio.

Mae **eu tad nhw** yn gweithio.

ei

ei	cei	eira	eiddgar
ein	i'r fei	eirin	eiddil
eich	hei	ceir	eiddo
	tei	ieir	gweiddi
	slei	cweir	gwreiddyn
	lleiaf	ceirw	meiddio

eisiau	ffein	ffeil	neithiwr
eistedd	lein	steil	rheithor
ceisio	sglein	eiliad	cyfreithlon
neis	heini	deilen	seithfed
reis	meini	peilot	dieithr
sbeis	gweini	rheilffordd	meithrin

lleill	teitl	lleidr	beic
gweill	treiglo	neidr	peidio
cyfeillgar	teimlo	teigr	deintydd

Ffurfiau Lluosog Enwau

Yn y rhan fwyaf o enwau sydd ag **ai** yn y bôn, mae'r **ai** yn troi yn **ei** o flaen y terfyniad lluosog **-iau**.

Er enghraifft:

gwaith	gweithiau	sain	seiniau
llais	lleisiau	gair	geiriau
taith	teithiau	craig	creigiau

Brawddegau i'w harddweud:

1. **Rydw i eisiau reid ar y beic.**
2. **Rhaid i ti beidio â mynd i'r eira ar y creigiau.**
3. **Hei! Paid â gweiddi ac mi gei di eistedd gyda'r lleill.**

O GAM I GAM

eu

Cyflwyno eu

Prin iawn yw'r enghreifftiau o eiriau un sill sy'n cynnwys y llafariad glwm **eu**. Anaml iawn hefyd y gwelir **eu** yn sillaf olaf gair aml-sillafog. Er enghraifft:

amheus

Mewn llawer o eiriau, pan ychwanegir sillaf at air sy'n cynnwys **au**, bydd y patrwm **au** yn troi yn **eu**. Er enghraifft:

golau   goleuo   haul   heulog

Hefyd:

dau naw = deunaw   dau sain = deusain

eu	dweud	lleuad	caneuon
euog	gwneud	neuadd	cystadleuaeth
neu	beudy	breuddwyd	goleudy
creu	teulu	creulon	goleuni
ieuanc	heulwen	treulio	ieuenctid

Brawddegau i'w harddweud:

1. **Roedd y clwb ieuenctid yn y neuadd.**
2. **Mae'r teulu'n dweud eu bod am weld y goleudy.**
3. **Wyt ti am wneud rhestr o ganeuon i'r gystadleuaeth?**

ew | yw | iw | uw

Cyflwyno ew

Nid oes llawer o eiriau'n cynnwys y llafariad glwm **ew**, ond dyma rai enghreifftiau:

llew	**newid**	**dewin**
rhew	**dewr**	**llewys**
tew	**drewi**	**newydd**
blew	**ewythr**	**cewyn**
mewn	**distewi**	**rhewgell**

Sylwer ar y geiriau cyfunsain: **ewyn** (*foam*) ac **ewin** (*nail*)

Cyflwyno iw uw yw

Fel y gwelwyd cynt, llafariaid clwm sydd yn cael eu cynrychioli gan y patrymau yma, er i enghreifftiau ohonynt gael eu cynnwys wrth gyflwyno'r llafariaid **u** ac **y**. Dyma enghreifftiau o'r patrymau yma er mwyn dangos i'r disgybl y parau o eiriau sy'n debyg o ran sain, mewn rhai ardaloedd, ond sy'n wahanol o ran sillafiad. Sylwer yn arbennig ar y geiriau cyfunsain canlynol.

ciw (*queue*)   **cyw** (*chick*)
i'w (*his/hers/its*)   **yw** (*is, yew*)
lliw (*colour*)   **llyw** (*steering wheel*)
rhiw (*hill*)   **rhyw** (*some, sex*)

Dylid nodi mai sain '**y**' fel y glywir yn y gair **dy** sydd yn y llafariad glwm **yw** fel rheol pan mae'n digwydd mewn unrhyw sillaf heblaw yr un olaf mewn gair, er enghrafft, nid yw'r sain **yw** yr un fath yn y geiriau **byw** a **bywyd**. Rhaid nodi yr eithriadau hynny sy'n cynnwys geiriau fel rhyw: er enghraifft **rhywbeth** a **rhywun** a yngennir yr un fath â **rhyw**.

Brawddegau i'w harddweud:
1. **Pa liw yw'r cyw bach newydd?**
2. **Heddiw mae'r tywydd wedi newid.**
3. **Mae rhywbeth yn drewi y tu fewn i'r rhewgell.**

O GAM I GAM

Sawl llafariad clwm fedrwch chi ddarganfod yn y pennill yma?

Fflat Huw Puw

**Mae sŵn ym Mhorthdinllaen, sŵn hwylie'n codi,
Blocie i gyd yn gwichian, Dafydd Jones yn gweiddi;
Ni fedra'i aros gartre yn fy myw;
Rhaid i mi fynd yn llongwr iawn ar Fflat Huw Puw.**

**Fflat Huw Puw yn hwylio heno,
Sŵn codi angor; mi fyna'i fynd i forio,
Mi wisga'i gap pîg gloew tra bydda'i byw,
Os ca'i fynd yn llongwr iawn ar Fflat Huw Puw.**

Llafariaid Clwm

Arddweud pellach

Y Lleidr Ieir
1. **Roedd hi'n noson oer ac yn dywyll fel bol buwch.**
2. **Roedd rhew ac eira ymhob man.**
3. **Doedd dim siw na miw i'w clywed ar fuarth y fferm.**
4. **Yn ddistaw bach daeth llwynog ar draws y cae.**
5. **Aeth i mewn drwy'r giât, a heibio'r sied wair.**
6. **Aeth ymlaen tuag at y beudy nes cyrraedd y cwt ieir.**
7. **Yn sydyn bu bron iddo neidio allan o'i groen mewn braw!**
8. **Roedd rhywun yn sefyll yn stond o'i flaen â gwn yn ei law.**
9. **Mewn eiliad roedd y llwynog wedi troi ar ei sawdl.**
10. **Roedd o wedi dianc yn ôl drwy'r giât.**
11. **Rhedodd fel y gwynt nes ei fod yn ddiogel yn ei ffau.**
12. **Ai'r ffermwr wnaeth roi braw i'r llwynog?**
13. **Nage siŵr iawn, dim ond dyn eira gyda brws oedd yna.**
14. **Cysgodd yr ieir yn sownd yn eu cwt drwy'r nos.**

ia

Cyflwyno ia

Fel y gwelwyd cynt mae'r llythyren **w** weithiau yn gytsain a thro arall yn llafariad. Mae'r un peth yn wir am y llythyren **i**.

Pan fydd yr **i** yn llafariad bydd yn cynnal sillaf, er enghraifft: **piau** sydd yn air deusill. Pan fydd yr **i** yn gytsain ni fydd yn cynnal sillaf, er enghraifft: **iâr** sydd yn air unsill. Mewn rhai geiriau rhoddir yr arwydd ¨ ar ben yr **i** er mwyn dangos yn glir mai llafariad lawn yw ac nid cytsain. Er enghraifft: **lorïau** am fwy nag un **lori**. Gair curo tri yw **lorïau**, ond gair curo dau yw **lloriau**, sef lluosog y gair **llawr**.

Gellir symleiddio'r esboniad i'r disgybl drwy gyfeirio at eiriau curo un a geiriau curo dau.

Geiriau curo dau:

      i   di
        a   al

Geiriau curo un:

iâ   **iâr**   **ias**
iach   **iard**   **iarll**

Mae'r llafariad glwm **ia** fel a geir yn **iach** yn digwydd mewn nifer o derfyniadau a ychwanegir i greu enwau haniaethol ac i lunio ffurfiau personol berfau, ac yn y blaen. Er enghraifft:

| **paid** | **peidia** | **gostwng** | **gostyngiad** |
| **caru** | **cariad** | **llwyddo** | **llwyddiant** |

Brawddegau i'w harddweud:

1. **Pwy biau'r iâr yn yr iard?**

2. **Dydy hufen iâ ddim yn fwyd iach iawn.**

3. **Bydd casgliad Dydd Iau i godi arian at yr estyniad newydd.**

O GAM I GAM

io

Cyflwyno io

Fel gyda'r patrwm **ia** gall yr **i** fod yn llafariad sy'n cynnal sillaf neu yn gytsain.

Eto gellir defnyddio'r disgrifiadau geiriau curo dau a geiriau curo un i symleiddio hyn i'r disgybl.

Gellir defnyddio'r rheolau bras canlynol i wahaniaethu rhwng **io** unsill ac **io** deusill.

- Os nad oes llafariad heblaw'r **io** yn y gair, bydd y gair fel rheol yn ddeusill â'r **i** yn llafariad yn cynnal sillaf, a'r **o** yn cynnal sillaf arall. Er enghraifft: **diod**. Ond dylid bod yn ofalus gyda geiriau sy'n cynnwys y gytsain ddwbl **si** – gair curo un yw **siop**. Pan mae **io** curo dau yn dilyn **s** fel hyn, rhoddir yr arwydd ¨ ar yr **i** i ddangos y gwahaniaeth rhyngddi ac **io** curo un. Gwelir hyn yn **sïo**, sef sibrwd neu furmur.

- Os yw **io** yn digwydd ar ddechrau gair, mae fel arfer yn cynrychioli **i** gytsain a'r llafariad **o** ac yn gwneud un sill, er enghraifft: **iot** = yr un mymryn.

- Os yw **io** yn digwydd ar ôl sillaf arall mewn gair, bydd fel arfer yn cynrychioli **i** gytsain a'r llafariad **o**, er enghraifft: **hwylio** a **hwyliog**.

Mae'n bwysig iawn nodi bod rhai eithriadau i'r rheol hon. Mae enghreifftiau o **io** yn cynrychioli dwy lafariad yn digwydd mewn geiriau fel **gweddïo** a **sgïo**. Ond rhoir ¨ dros ben yr **i** mewn geiriau o'r fath rhag eu cymysgu â geiriau sydd ag **io** yn cynrychioli **i** gytsain a'r llafariad **o**. Er enghraifft, gair curo dau yw **cnocio** ond gair curo tri yw **copïo**.
Mae nifer fawr o enghreifftiau o eiriau'n cynnwys y llafariad glwm **io** gan fod hwn yn un o'r terfyniadau mwyaf cyffredin i greu berfenw. Ar lafar yn y de, mae tuedd i'r **io** droi yn **o**, er enghraifft: **reidio** yn troi'n **reido**, a **cnocio** yn troi'n **cnoco**.

Yr unig lafariad yn y gair – curo dau:

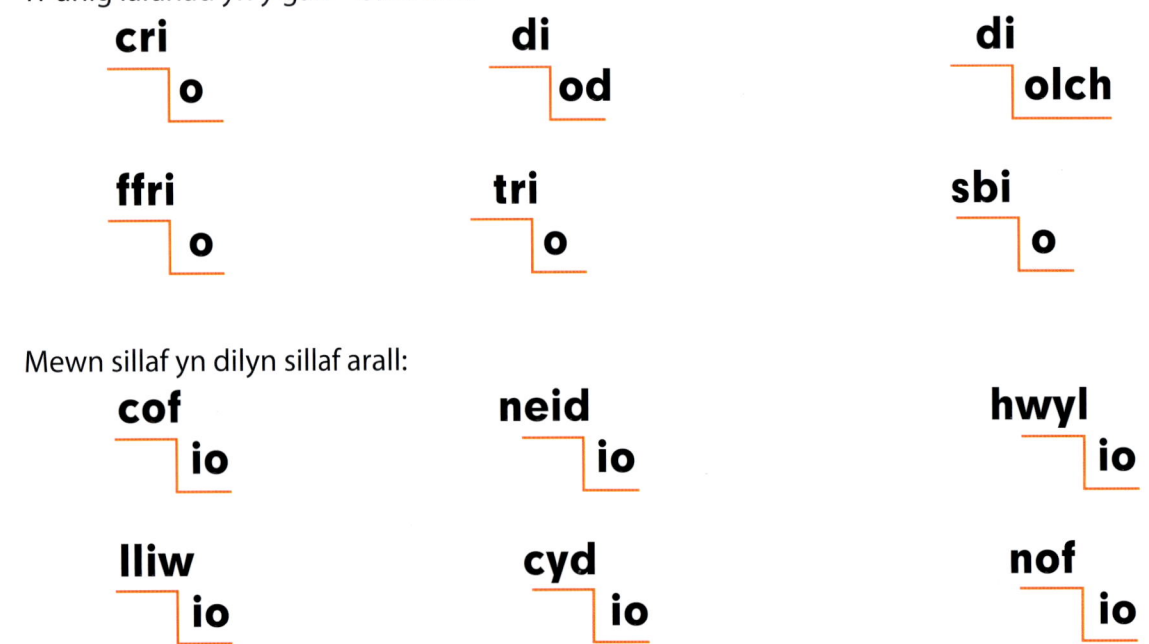

crio   diod   diolch

ffrio   trio   sbio

Mewn sillaf yn dilyn sillaf arall:

cofio   neidio   hwylio

lliwio   cydio   nofio

116

io

Mewn sillaf yn dilyn sillaf arall, ond curo dau:

cop ï o **chwyr** lï o **gwedd** ï o

Ar ddechrau gair **io** curo un:

lon awr **ior** wg **iog** wrt

bancio	cofion	boliog	diod
cario	cwynion	bywiog	diog
cofio	doethion	ceiliog	diosg
ffeirio	creision	ceiniog	ffrio
herio	dynion	coediog	sbio
garddio	eidion	cyrliog	sgïo
meiddio	gweision	ffyddiog	triog
peidio	tirion	hwyliog	priodi
syrthio	gwirion	miniog	dioddef
teithio	sglodion	oriog	triongl
tybio	anrhegion	doniol	gwnïo
glawio	actorion	ffeithiol	diofal
gweithio	arwyddion	ffurfiol	diogel
prancio	cysgodion	siriol	egnïol
sboncio	newyddion	dyddiol	mwncïod
treulio	olwynion	cyfreithiol	pioden
coginio	planhigion	diffygiol	partïon
disgrifio	ysgolion	naturiol	twrcïod
gobeithio	ysbrydion	ysbeidiol	diolchgar
myfyrio	hysbysebion	anobeithiol	diogelwch
breuddwydio	ymarferion	derbyniol	ymfalchïo

O GAM I GAM

Brawddegau i'w harddweud:

1. **Paid ag anghofio diolch am yr anrhegion priodas.**
2. **Tri o feibion bywiog, gyda gwallt cyrliog du, oedd gan yr actorion.**
3. **Gobeithio bydd y disgyblion yn teithio i'r ysgolion yn ddyddiol ar y trên.**

ADRAN 6

Cyflwyno Geiriau ag y gynffon yn eu Sillaf Olaf

ydd | yn | yd | ych | yf | ym

yg | yb | yll | yl | yr | ys

O GAM I GAM

-ydd

Nodyn Rhagarweiniol

Yn yr adran hon fe gyflwynir y llafariad **y gynffon** yn sillaf olaf gair. Byddai'n fuddiol adolygu'r gwahaniaeth rhwng **u**, **i** ac **y gynffon** cyn dechrau ar yr adran. Bydd yr un broblem yn codi yn achos pob un o'r sillafau'n cynnwys **y gynffon**.

Isod ceir enghreifftiau o barau o eiriau sy'n cael eu ynganu'n debyg ond eu bod yn cael eu sillafu'n wahanol.

Geiriau'n cynnwys **udd** neu **ydd**, er enghraifft:

bydd (*he, she, it will be*)	**budd** (*benefit*)
rhydd (*free/loose*)	**rhudd** (*red*)
sydd (*which/who is*)	**sudd** (*juice*)

Cyflwyno -ydd

Os defnyddiwyd y geiriau 'cynffon mwnci' i gyflwyno **y gynffon** yn Adran 1, efallai y gellir parhau â hyn.

Gall y terfyniad **-ydd** gynrychioli ffurf lluosog gair, er enghraifft **pont** → **pontydd**, neu gall ddynodi swydd/swyddogaeth, er enghraifft **ysgrifennu** → **ysgrifennydd**.

bydd	**crefydd**	**arweinydd**
dydd	ei **gilydd**	**cigydd**
sydd	**mynydd**	**cadeirydd**
llonydd	**newydd**	**deintydd**
	tywydd	**fferyllydd**
ffermydd	**trydydd**	**ffawydd**
ffosydd	**pedwerydd**	**olewydd**
pontydd		
stormydd		
afonydd		
	crychydd	
	ehedydd	
	llamhidydd	

120

-ydd

Rhigwm

Pobi bara brown
A phobi bara gwyn;
Dyna wna i
Bob dydd fan hyn.

Pwy ydw i? Y _____

Os eisiau trwsio
Esgid wedi torri,
Dewch ataf fi
Ben bore 'fory.

Pwy ydw i? Y _____

Beth am ddarllen
Llyfr neu ddau?
Dewch i'w dewis
Cyn i mi gau.

Pwy ydw i? Y _____

Pan fydd ganddynt
Boen mewn dant,
Ataf fi
Y daw y plant.

Pwy ydw i? Y _____

Gen i cewch stêc
A sosej da
I'w rhoi ar y barbeciw
Yn yr ha'.

Pwy ydw i? Y _____

Eisiau ffisig
I'ch gwneud yn well?
Dewch ataf fi
'Does dim rhaid mynd yn bell.

Pwy ydw i? Y _____

Fe brofaf eich llygaid
Heb ddim stŵr.
Oes angen sbectol?
Dewch ataf i wneud yn siŵr.

Pwy ydw i? Yr _____

O GAM I GAM

-ydd

Brawddegau i'w harddweud:

1. **Un dydd aeth Siôn ac Aled gyda'i gilydd i ben y mynydd.**
2. **O ben y mynydd roedden nhw'n gweld y ffermydd, yr afonydd a'r heolydd.**
3. **Bu raid iddyn nhw groesi pontydd a neidio dros lawer o ffosydd y diwrnod hwnnw.**

-ydd

-yn

Cyflwyno'r Terfyniad -yn

Gan amlaf, terfyniad gair gwrywaidd unigol yw **-yn** ond mae yna eithriadau, er enghraifft **blwyddyn** a **telyn**. Yn aml mae i'r terfyniad **-yn** ystyr bachigol a theimlad o anwylder. Mae **llanc** yn golygu *lad*, ond mae elfen o anwylder yn y gair **llencyn**.

Y terfyniad sy'n cyfateb i'r **-yn** bachigol yn y benywaidd yw **-en**. Wrth ffurfio lluosog geiriau sy'n cynnwys y terfyniadau bachigol **-yn** ac **-en** drwy ychwanegu sillaf fel **au** atynt, bydd yn rhaid dyblu'r **n**, er enghraifft:

        cangen → canghennau   **tocyn → tocynnau**

Mae **-yn** yn digwydd mewn llawer o ferfenwau hefyd, fel y gwelir ar y dudalen nesaf yn y golofn sy'n dechrau â'r gair **dilyn**.

Nodyn

Mae'r terfyniad **-in** hefyd yn digwydd ar ddiwedd gair a dylid cofio am barau sy'n swnio'n debyg ond yn cael eu sillafu'n wahanol, er enghraifft:

    ewyn (*foam/froth*)   **ewin** (*finger nail*)
    erfyn (*to beg/tool*)   **erfin** (*turnip*)
    melyn (*yellow*)   **melin** (*mill*)

Hefyd mae **-un** yn digwydd weithiau ar ddiwedd gair amlsillafog, er enghraifft:

    cyfun   **darlun**   **rhywun**

        cymun   **testun**

O GAM I GAM

-yn

bryn	dilyn	asyn
cyn	disgyn	bwthyn
chwyn	dychryn	cerdyn
hyn	gofyn	pysgodyn
llyn	perthyn	rhosyn
syn	amddiffyn	blwyddyn

bechgyn	celyn
rhedyn	englyn
cregyn	erbyn
gwenyn	sydyn
	telyn
	wedyn

Rhigwm

Y Nadolig

Rwyf wedi derbyn cerdyn
Ac arno frigyn celyn
Ac ar y brigyn robin goch
Yn canu'n iach ei nodyn.

Mae cyfle yma i'r disgybl dynnu llun y cerdyn ac efallai ysgrifennu neges Nadolig neu bennill arno.

124

-yn

Brawddegau i'w harddweud:

1. **Wrth ddrws y bwthyn roedd rhosyn coch yn tyfu.**
2. **Pan oedd y bechgyn yn chwarae cuddio yn y rhedyn, daeth haid o wenyn a'u pigo.**
3. **Mae Huw bob amser yn amddiffyn y bachgen bach sy'n perthyn iddo.**
4. **Ydy'r brenin yn hoffi bwyta pwdin?**
5. **Pysgodyn ydy brithyll a'i gynefin ydy llynnoedd.**
6. **Buaswn yn hoffi rhai o'r grawnwin sydd ar fwrdd y gegin.**

Cyflwyno -yd

Mae **yd** yn digwydd ar ddiwedd nifer o ferfenwau fel **cymryd**. Ceir **yd** hefyd ar ddiwedd ansoddeiriau a ffurfiwyd drwy ychwanegu **llyd** neu **lyd** at air arall, er enghraifft, **gwichlyd** a **drewllyd**.

Nodyn

Mae llawer o eiriau amlsillafog yn gorffen gydag **id**. Yn eu plith mae enwau sydd wedi eu ffurfio drwy ychwanegu'r terfyniad **id** at ansoddair, er enghraifft, **glân → glendid**.

Mae nifer o eiriau'n gorffen gydag **id** sy'n ffurfiau amhersonol amherffaith a gorberffaith berfau, er enghraifft, **codid** a **codasid**.

O GAM I GAM

-yd

byd	cymryd	bywyd
hyd	dychwelyd	cerbyd
clyd	ymaflyd	diwyd
pryd		hefyd
rhyd		iechyd
stryd		ysbryd

cysglyd
dryslyd
dychrynllyd
llychlyd
myglyd
tywodlyd

-ych | -yf | -ym

Cyflwyno -ych

Mae **ych** yn derfyniad mewn ambell enw ac ansoddair yn ogystal â dynodi'r ail berson lluosog wrth ddefnyddio arddodiaid, er enghraifft **gennych** (chi).

Nodyn

Rhaid cofio am y gwahaniaeth rhwng y pâr hwn o eiriau:

    gwich (*squeak*)   **gwych** (*fine/brilliant*)

Cyflwyno -yf

Mae **yf** yn dynodi'r person cyntaf unigol wrth ddefnyddio arddodiaid, er enghraifft, **gennyf** (fi).

Rhaid bod yn ofalus gyda geiriau sy'n cynnwys y gair **rhif** gan mai **if** yw'r sillafiad, er enghraifft, **cyfrif**.

Cyflwyno -ym

Mae **ym** hefyd yn derfyniad a welir wrth ddefnyddio arddodiaid. Mae'n dynodi'r person cyntaf lluosog, er enghraifft, **gennym** (ni).

O GAM I GAM

-ych | -yf | -ym

-ych

drych
gwych
gwrych
rhych
sych
ych

bresych
bustych
edrych

gennych chi
ydych chi
dydych chi ddim

-yf

cryf
pryf

wrthyf fi
oddi **wrthyf** fi

-ym

awgrym
cyflym
grym

gennym ni
wrthym ni
oddi **wrthym** ni

-yg | -yb

Cyflwyno -yg

Ychydig o eiriau sydd ag **yg** ar eu diwedd. Mae'r un peth yn wir am y terfyniad **ug** hefyd ond fe geir ambell enghraifft fel **morgrug** a **barrug**.

Mae'r terfyniad **ig** yn derfyniad cyffredin sy'n digwydd o fewn:
- Enwau â'r terfyniad bachigol **ig**, er enghraifft, **oen** → **oenig**;
- Ansoddeiriau'n gorffen â'r terfyniad **ig**, er enghraifft, **ystyfnig**;
- Ansoddeiriau'n gorffen â'r terfyniad **edig**, er enghraifft, **caredig**. Mae'r geiriau hyn wedi deillio o eiriau sydd wedi cael y terfyniad **edig** wedi cael ei ychwanegu atynt. Yr ystyr yw 'wedi ei/yn cael ei', er enghraifft, y gair **parchedig**. Daw o'r ferf **parchu** a'i ystyr gwreiddiol oedd 'yr un sydd wedi cael/sy'n cael ei barchu';
- Ambell enw lluosog fel **cerrig**.

Cyflwyno -yb

Mae'r enghreifftiau o **yb** ar ddiwedd gair yn brin. Ceir ambell air cyffredin sydd yn gorffen ag **ub**.

Gêm 'y gynffon'

Mae'r gêm yma'n seiliedig ar y gêm gardiau *Rummy*. Bydd angen creu cardiau gyda phatrymau sillafu **y gynffon** – tua 6 ymhob set – er enghraifft:

ynys   enfys   melys   datrys   estrys   lindys

wedyn   disgyn   tocyn   melyn   dilyn   gofyn

Pwrpas y gêm ydy casglu 3 cherdyn ag un patrwm a 4 â phatrwm arall.

- Mae pob plentyn yn cael 7 cerdyn. Mae gweddill y cardiau yn cael eu rhoi wyneb i waered mewn pentwr yn y canol.

- Mae'r plentyn cyntaf yn codi cerdyn. Os nad ydy'r cerdyn â'r un patrwm â cherdyn sydd ganddo yn ei law mae'n rhoi y cerdyn wyneb i fyny i ddechrau pentwr arall.

- Os ydy'r cerdyn â'r un patrwm â cherdyn sydd ganddo'n barod mae'n ei gadw. Fodd bynnag, mae'n rhaid iddo roi cerdyn arall i lawr yn ei le fel nad oes ganddo fwy na 7 cerdyn yn ei law ar y tro.

- Mae'r cerdyn yma yn cael ei roi wyneb i fyny ar yr ail bentwr fel bod gan y chwaraewr nesaf ddewis o gymryd y cerdyn hwnnw neu gymryd un o'r pentwr cyntaf.

- Yr enillydd yw'r chwaraewr cyntaf i gasglu 3 cherdyn ag un patrwm a 4 cerdyn â phatrwm arall.

-yll | -yl

Cyflwyno -yll

Mae'r terfyniad **ell**, sy'n digwydd yn ffurfiau unigol rhai enwau, yn troi yn **yll** yn eu lluosog, er enghraifft,

cyllell → **cyllyll**

Cyflwyno –yl

Prin yw'r enghreifftiau o **yl** ar ddiwedd gair. Gweler rhai enghreifftiau yn y rhestr geiriau sy'n dilyn.

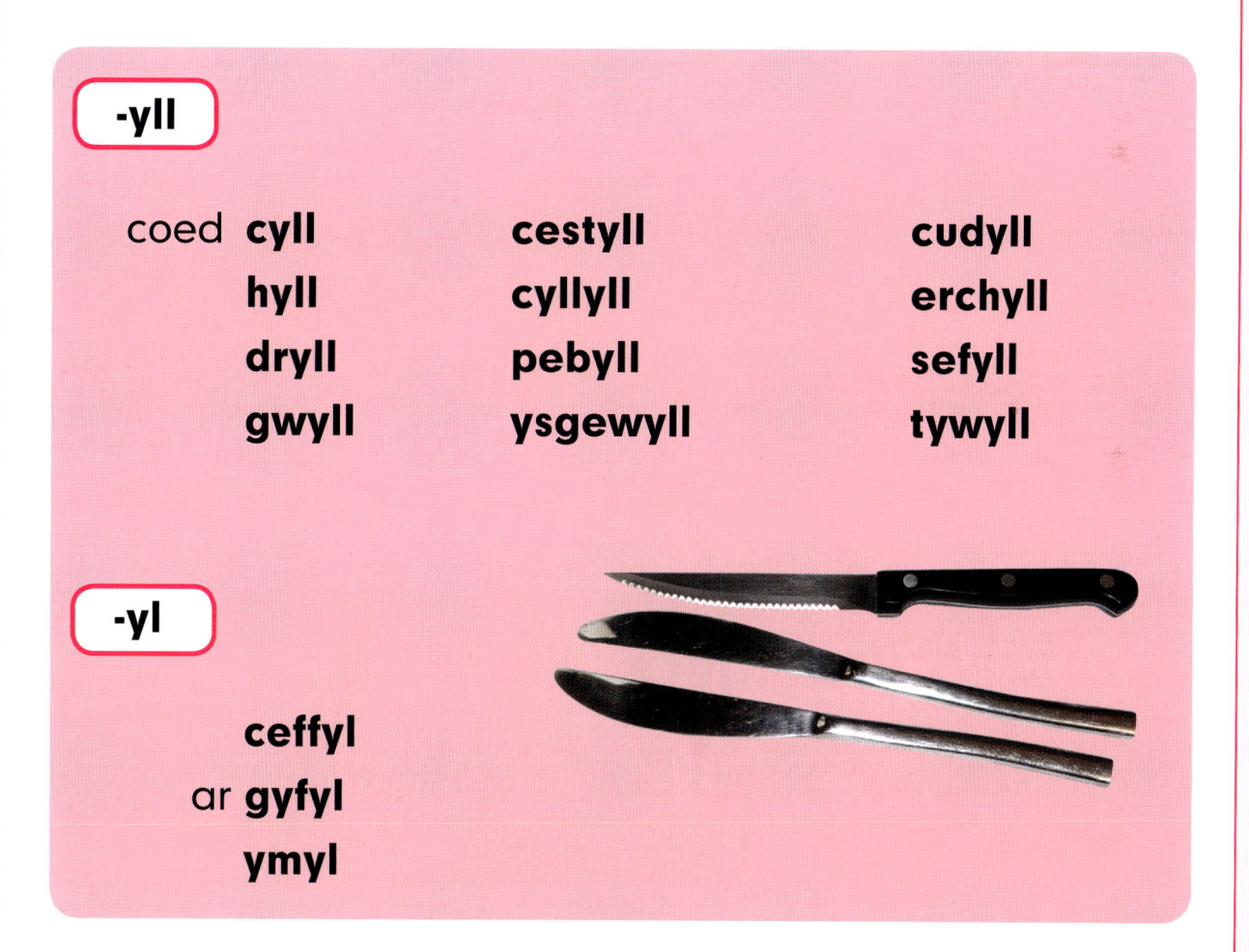

-yll

coed **cyll**   **cestyll**   **cudyll**
hyll   **cyllyll**   **erchyll**
dryll   **pebyll**   **sefyll**
gwyll   **ysgewyll**   **tywyll**

-yl

ceffyl
ar **gyfyl**
ymyl

O GAM I GAM

-yr | -ys

Cyflwyno -ys

Mae geiriau sy'n gorffen gyda **ys** yn brin. Mae'n cael ei ddefnyddio'n fwyaf cyffredin fel terfyniad lluosog geiriau sydd wedi cael eu benthyg o'r Saesneg, er enghraifft, **bocsys** am *boxes*. Mae'r terfyniad yma'n fwy cyffredin ar lafar nag mewn Cymraeg ysgrifenedig.

Cyflwyno -yr

Y dosbarth mwyaf niferus o eiriau'n gorffen gydag **yr** yw'r un sy'n cynnwys lluosog enwau sydd ag **wr** ar ddiwedd y gair unigol, er enghraifft, **ffermwr → ffermwyr**. Mae rhai enwau sydd ag **ydd** ar ddiwedd yr unigol yn ffurfio'r lluosog drwy roi **wyr** yn lle'r **ydd**, er enghraifft, **arlunydd → arlunwyr**.

-ys		-yr	
bys	datrys	byr	gwŷr
brys	eirlys	eryr	ffermwyr
crys	enfys	llythyr	milwyr
chwys	estrys		morwyr
llys	melys		gweithwyr
pys	ynys		arlunwyr

-ys

Rhigwm

**Rhys ar frys
Yn llewys ei grys
Yn bwyta pys
Efo'i fawd a'i fys
Nes roedd yn chwys diferol.**

-yl -yll -ys -yr

Brawddegau i'w harddweud:

1. **Carlamodd y ceffyl heibio'r coed cyll ac i'r gwyll.**
2. **Mae llawer o gestyll Cymru yn sefyll ar ben bryn.**
3. **Ysgrifennodd yr athrawes lythyr at fam Rhys yn dweud ei bod wedi datrys y dirgelwch o sut y collodd Rhys ei grys chwys.**

-yf -ys -yr -ym

Brawddegau i'w harddweud:

1. **Mae gen i bryf mewn bocs matsys ond rwyf am ei ollwng yn rhydd cyn hir.**
2. **Aeth yr arlunwyr dros dir y ffermwyr er mwyn tynnu llun yr eryr oedd yn nythu yno.**
3. **"Rydych chi'n gyrru'n rhy gyflym. Gwell i chi bwyllo neu bydd gennym ddamwain ar ein dwylo," meddai'r plismon.**

O GAM I GAM

Ysbryd!

Mis Rhagfyr oedd hi ac roedd Cerys yn dychwelyd adref o dŷ ei modryb. Roedd hi'n noson oer, rewllyd ac roedd Cerys ar frys eisiau cyrraedd y tŷ. Roedd hi bron a bod yn dywyll. Ar ôl tipyn cafodd deimlad cryf bod rhywun yn ei dilyn hi. Trodd yn gyflym i weld dyn yn sefyll yn ymyl y gwrych. Roedd e'n edrych yn debyg i un o filwyr Llewelyn a welodd Cerys mewn llyfr hanes gan ei modryb. Er bod Cerys yn cerdded ar hyd y ffordd yma bob dydd doedd hi erioed wedi gweld y milwr cyn hyn. Syllodd arno'n syn ond ddywedodd y milwr ddim byd. Yn sydyn cododd ei law a diflannu! Rhedodd Cerys yn syth adref. Ai ysbryd welodd hi? Pwy a ŵyr, ond welodd Cerys mohono byth wedyn.

ADRAN 7

Dyblu n a Dyblu r

nn

Ymdrin â dyblu n

Mae gwybod pryd i ddyblu **n** wrth ysgrifennu Cymraeg yn broblem i lawer iawn o bobl. Gellir cynnig rhai canllawiau a fydd yn gymorth i gofio pryd i ddyblu a phryd i beidio â dyblu. Nid yw'n fater mor syml â hynny, ond dyma rai canllawiau.

- Mewn dau safle yn unig o fewn gair y mae dyblu **n** yn digwydd:

    1. Ar ddiwedd y goben, sef y sillaf olaf ond un. Y sillaf hon sy'n cynnal yr acen ym mhob gair naturiol Gymraeg. Er enghraifft:

        ys grif enn u   **enn ill**   **ann wyl**

        OND pan ychwanegir sillaf at y gair, nid yw'r **n** bellach ar ddiwedd y goben ac felly nid yw'n dyblu.

        ys grif en ydd es   **en ill ydd**   **an wyl af**

    2. Ar ddiwedd y sillaf gyntaf mewn geiriau sy'n cynnwys y sillaf negyddol **an**. Er enghraifft:

        annheg   **annifyr**   **anniddorol**

- Nodwch *nad* yw **n** yn dyblu bob amser:

    3. Pan fydd yn digwydd ar ddiwedd y goben. Er enghraifft:

        dyn es   **ten au**   **ter fyn u**

    4. Ar ddiwedd pob sillaf negyddol **an** ar ddechrau gair. Er enghraifft:

        anodd   **anafu**   **anhrefnus**

nn

annwyd	diflannu	peiriannydd
annwyl	ffynnon	pennaeth
arbennig	gennyf	pennaf
beth bynnag	gennym	pennawd
cannwyll	gennych	pennill
cennad	gennyt	pennod
cennin	gofynnodd	pennog
cronni	Gorffennaf	plannu
cyfrannu	gorffennol	presennol
cynnal	gwennol	rhannu
cynnar	gynnau	rhynnu
cynnau	hanner	synnu
cynnes	honno	synnwyr
cynnil	hwnnw	tennyn
cynnull	hynny	trannoeth
cynnwys	inni	trennydd
cynnyrch	llonni	twnnel
chwannen	meddiannu	tynnu
chwynnu	minnau	torcalonnus
dannedd	ninnau	tywynnu
dibynnu	peirianneg	ysgrifennu

nn

Cyflwyno nn mewn geiriau lluosog

Yn achos llawer o eiriau, dyblir **n** pan ychwanegir sillaf i greu gair lluosog.

- Lle bo'r ffurf unigol yn gorffen gydag **n**, bydd yr **n** yn digwydd ar ddiwedd y goben pan ychwanegir terfyniad lluosog. Er enghraifft:

    pen → pennau   **llyn → llynnoedd**   **llen → llenni**

- Eto, gyda geiriau unigol sy'n diweddu ag **nt**, ceir **nn** yn y goben newydd pan ychwanegir terfyniad lluosog. Er enghraifft:

    punt → punnoedd   **tant → tannau**   **dant → dannedd**

- Dylid nodi nad yw pob gair unigol sy'n diweddu ag **n** yn dyblu'r **n** pan ychwanegir sillaf i greu gair lluosog. Er enghraifft:

    telyn → telynau   **tegan → teganau**   **cwestiwn → cwestiynau**

- Dylid tynnu sylw'r disgybl at barau o eiriau lle mae dyblu'r **n** yn newid yr ystyr. Er enghraifft:

    tannau ← tant   **tanau ← tân**
    tonnau ← ton   **tonau ← tôn**

nn

Mewn geiriau lluosog

llyn	→	lynnoedd	cant	→	cannoedd
pen	→	pennau	punt	→	punnoedd
rhan	→	rhannau	dant	→	dannedd
glan	→	glannau	tant	→	tannau
pren	→	prennau	peiriant	→	peiriannau
oren	→	orennau	gwerthiant	→	gwerthiannau

amlen	→	amlenni
bwydlen	→	bwydlenni
ffurflen	→	ffurflenni
rhaglen	→	rhaglenni
taflen	→	taflenni
amserlen	→	amserlenni

Mewn geiriau croes

doeth	→	annoeth	teg	→	annheg
difyr	→	annifyr	tebyg	→	annhebyg
disgwyl	→	annisgwyl	terfynol	→	annherfynol
dibynnol	→	annibynnol			
diddorol	→	anniddorol			
dioddefol	→	annioddefol			

Brawddegau i'w harddweud:

1. **Mae cynnwys y rhaglenni'n anniddorol.**
2. **Roedd y ci yn tynnu ar ei dennyn ac yn dangos ei ddannedd.**
3. **Yn annisgwyl enillodd cannoedd o bunnoedd yn trin peiriannau.**

O GAM I GAM

Ysgrifennu llythyr

Bryn Ffynnon
Llannor

Annwyl Modryb Menna,

Mae'n ddrwg gennyf fod mor hir yn ysgrifennu atoch i ddiolch am y llyfr gefais gennych. Rydw i wedi gorffen y bennod olaf gynnau.

Roeddwn wedi bod gyda'r ysgol i Ardal y Llynnoedd i dynnu lluniau ym mis Gorffennaf. Drannoeth ar ôl cyrraedd adref roedd gen i annwyd ac erbyn y noson honno roedd gen i'r ddannodd hefyd. Roedd hynny'n annifyr iawn. Beth bynnag rydw i'n well erbyn hyn, diolch am hynny.

Mae'r tywydd wedi bod mor gynnes. Mi wnaeth Mam ennill y wobr gyntaf yn y sioe gyda'i rhosynnau. Roedd hi wedi synnu! Mae popeth yn annaturiol o gynnar eleni meddai hi. Mae Dad yn brysur yn plannu cennin nawr. Mae'n dibynnu arnaf fi i'w helpu gyda'r chwynnu. Gofynnodd i mi ddoe ac rydw i wedi tynnu tua eu hanner nhw. Mae'n annioddefol o anodd! Gobeithio eich bod chi'n cadw'n iach.

Cofion cynnes,
Gwenno

Ysgrifennu neges e-bost

I: Bob Ysgrifennydd
Oddi wrth: Pennaeth yr Adran
Pwnc: Dibennu amserlenni

Rhaid rhannu'r taflenni a'r ffurflenni ac wedyn eu hanfon mewn amlenni i'r adran personel erbyn Dydd Gwener. Cofiwch fod yn bresennol yn y cyfarfod nesaf er mwyn inni orffen trefnu'r amserlenni yn gynnar.

rr

Cyflwyno dyblu r

Fel gydag **nn** gall penderfynu ai un **r** neu ddwy **r** sydd i fod mewn gair beri llawer o anhawster i rai sy'n dysgu sillafu Cymraeg.

- Mae'n werth cofio mai ar ddiwedd y goben y mae'r **r** yn dyblu fel arfer. Fel y gwelwyd cynt, honno yw'r sillaf sy'n cynnal yr acen. Er enghraifft:

  torr i **cyrr aedd**

  Gellir gweld yr effaith y mae ychwanegu sillaf at y geiriau hyn yn ei chael ar ddyblu'r **r**. Er enghraifft:

  tor ed ig **cyr haedd ais**

- Rhaid nodi nad yw pob **r** sy'n digwydd ar ddiwedd y goben yn dyblu. Mae digon o eiriau'n dangos hyn. Er enghraifft:

  por i **tar an** **rhag or i**

- Dylid tynnu sylw'r disgybl at eiriau am weithwyr. Mae llawer o'r rhain yn cynnwys y patrwm **-wr** ac yn ffurfio'r lluosog drwy newid yr **-wr** yn **-wyr**. Er bod dwy **r** yn y ffurf unigol weithiau ni cheir **rr** pan fydd **-wr** yn newid i **-wyr** gan mai llafariad **w** sydd yn **-wr** ond cytsain **w** sydd yn **-wyr**. Er enghraifft:

  gyrrwr → gyrwyr **torrwr → torwyr**

- Noder hefyd y parau o eiriau sy'n cael eu gwahaniaethu gan un **r** neu ddwy. Er enghraifft:

  twr → **tyrrau** (heaps/crowds)
  tŵr → **tyrau** (towers)

rr

barrug	cyrraedd	torri
byrrach	fferru	torrais
byrraf	gyrru	torrodd
carrai esgid	gyrrais	torrwr
carreg	gyrrodd	tyrrau
cerrig	gyrrwr	tyrru
corrach	lorri	pentyrru
corryn	sarrug	difyrru

Brawddegau i'w harddweud:

1. **Dydy gyrrwr y lorri ddim yn ddyn sarrug.**
2. **Torrodd carrai fy esgid cyn i mi gyrraedd adre.**
3. **Roedd y cerrig wedi eu pentyrru un garreg ar ben y llall.**

Cardiau fflach i'w llungopïo

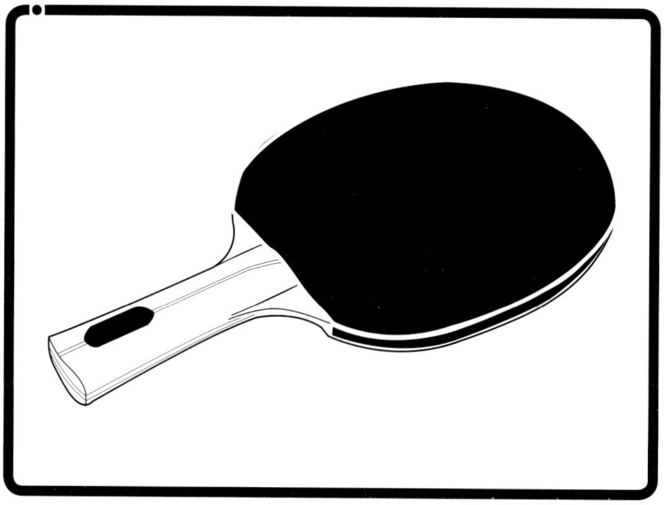
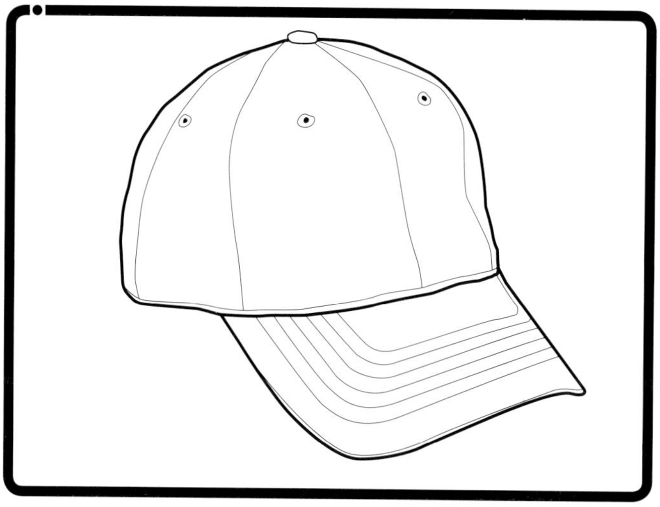
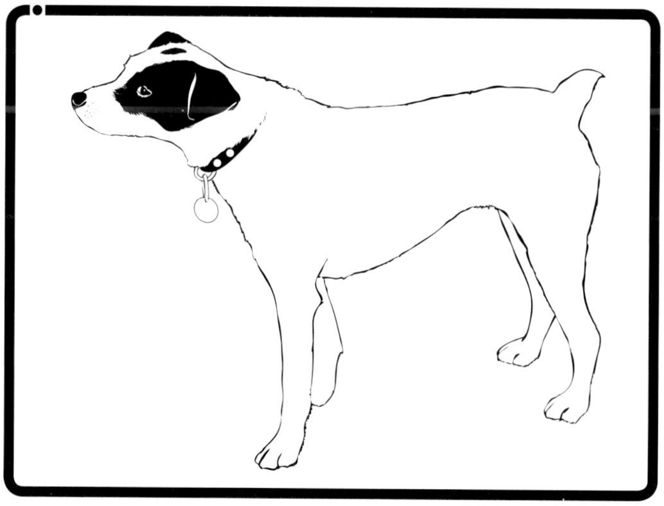
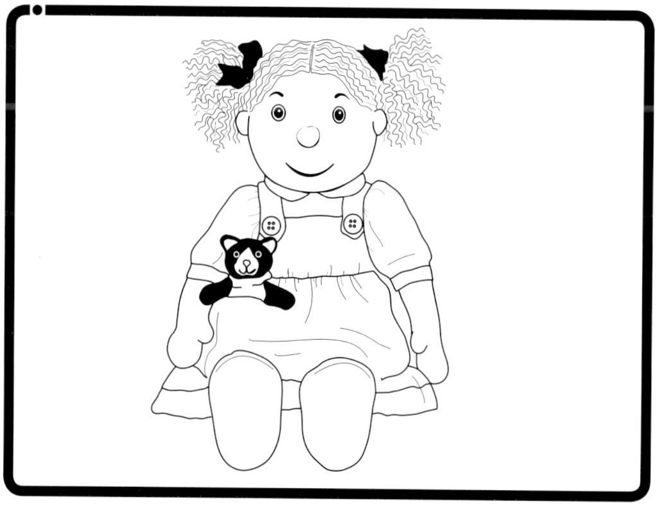
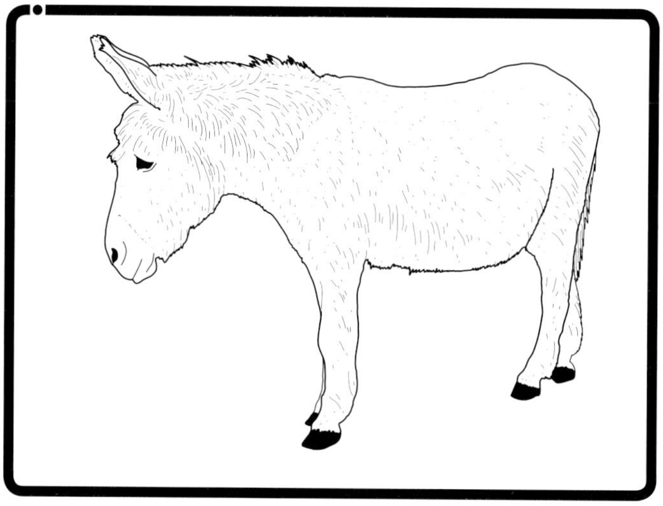
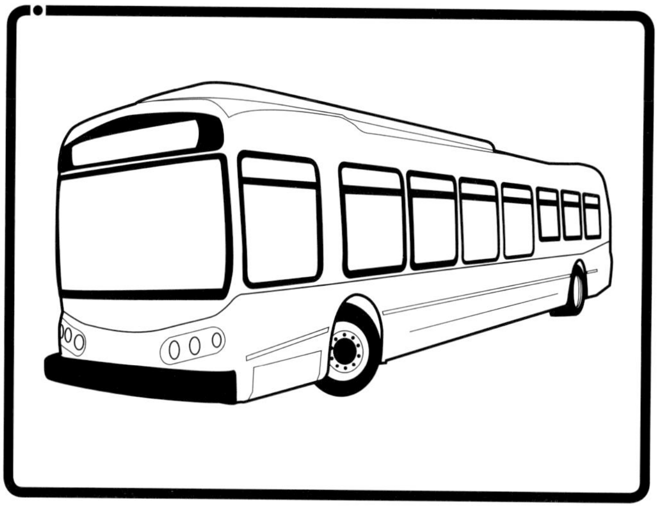
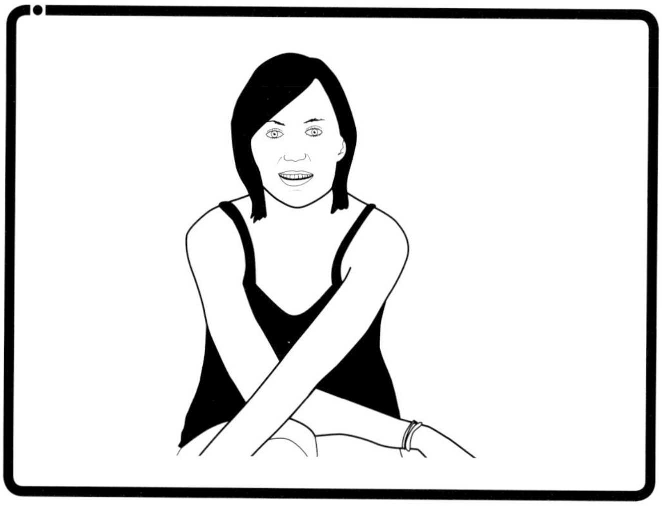
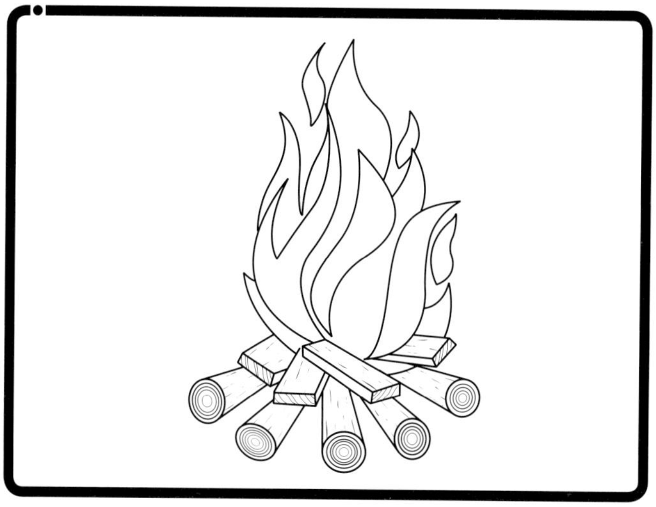

het　　　　　　　bat

dol　　　　　　　ci

bws　　　　　　mul

tân　　　　　　dyma fi

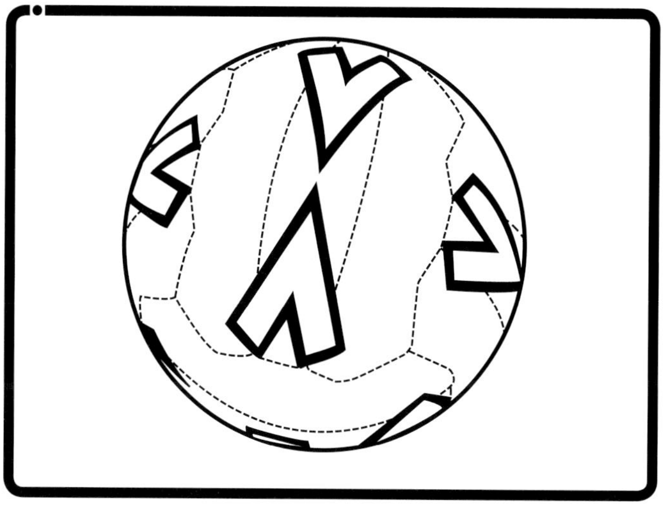
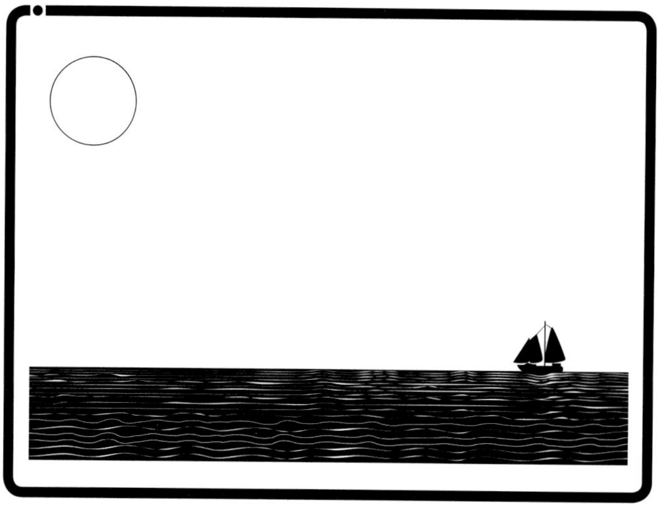
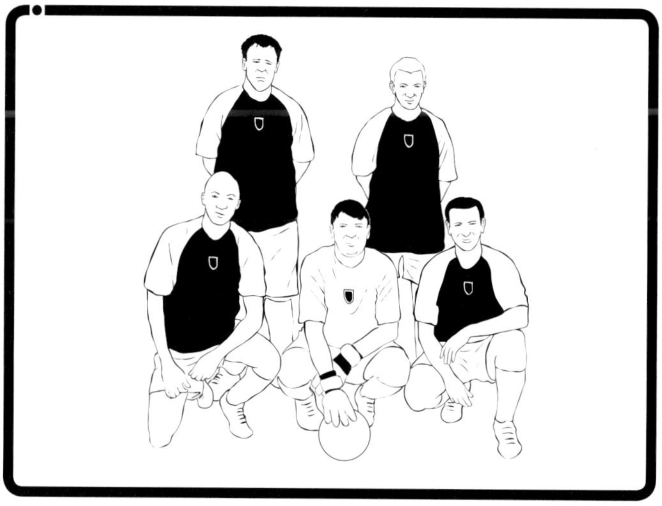
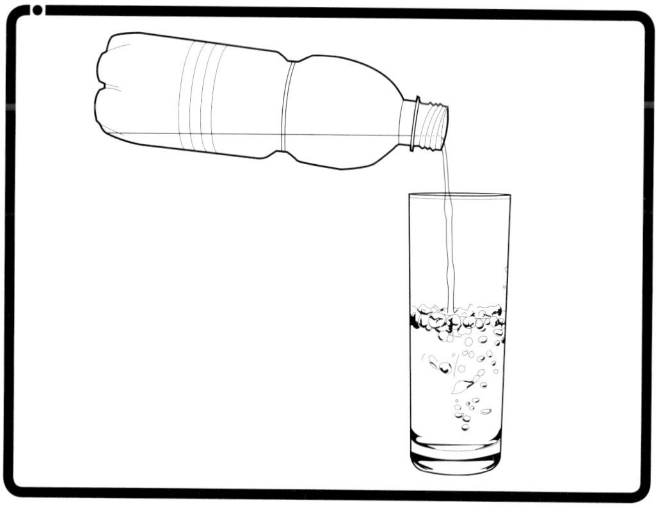
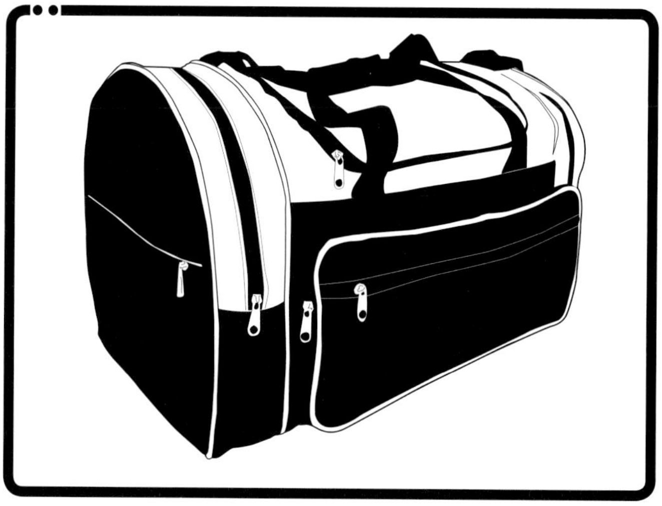
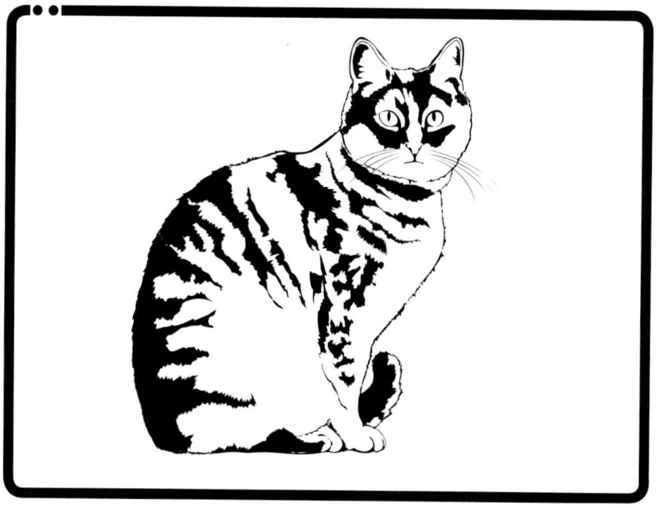
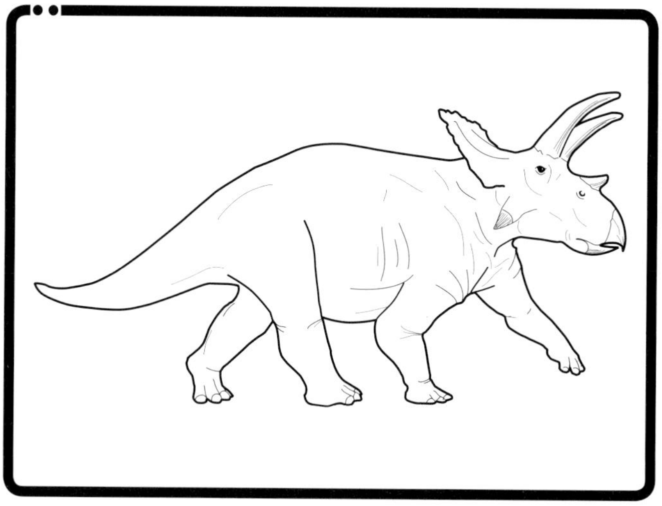
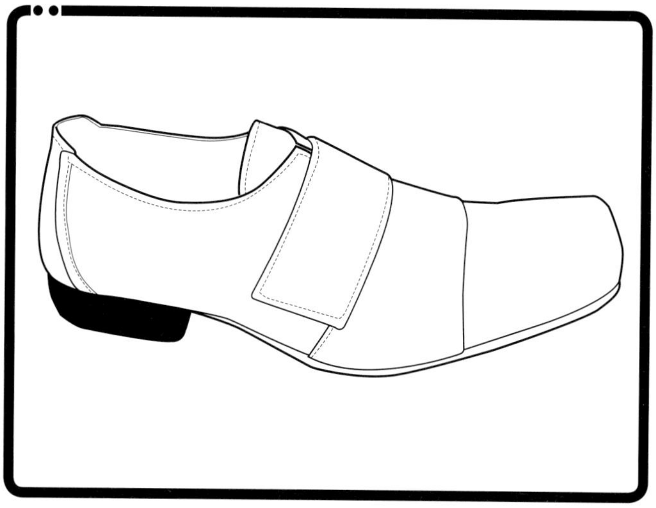

môr   pêl

dŵr   tîm

cath   bag

esgid   deinosôr

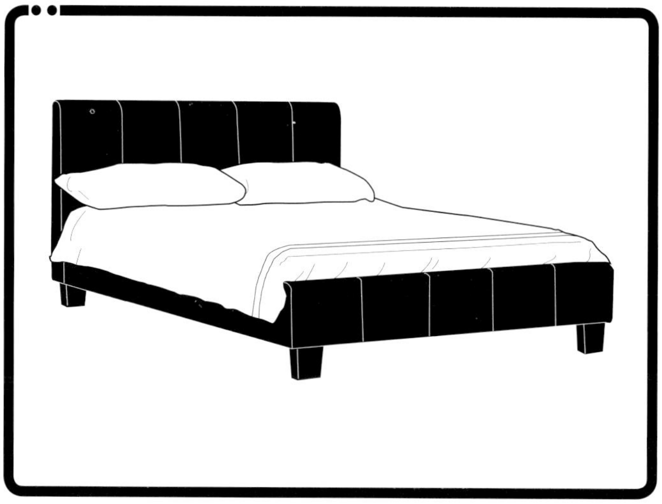
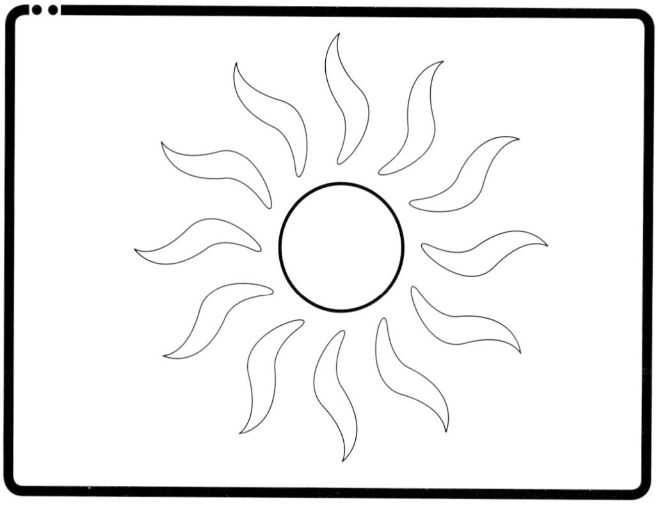
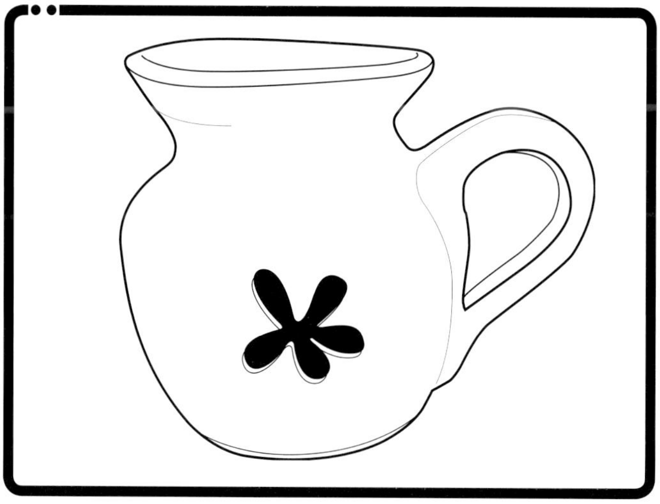
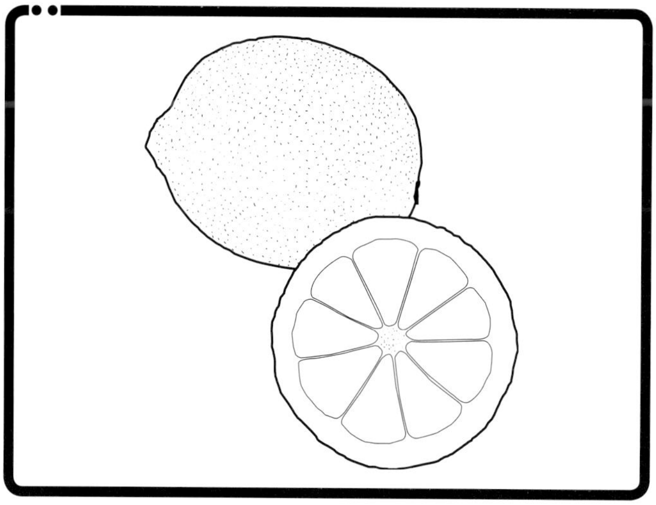
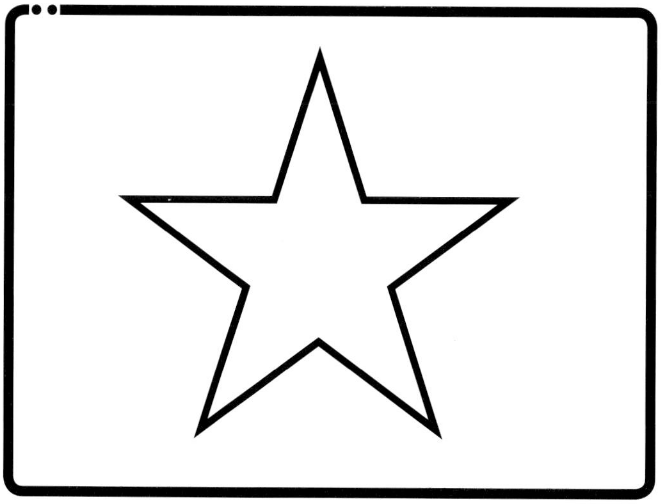
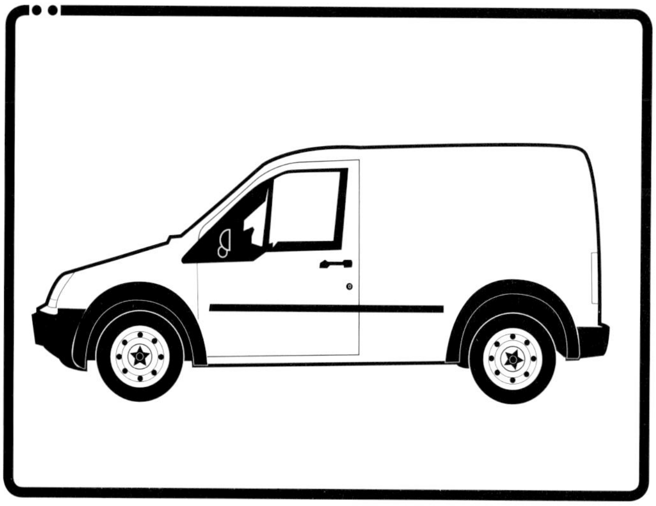
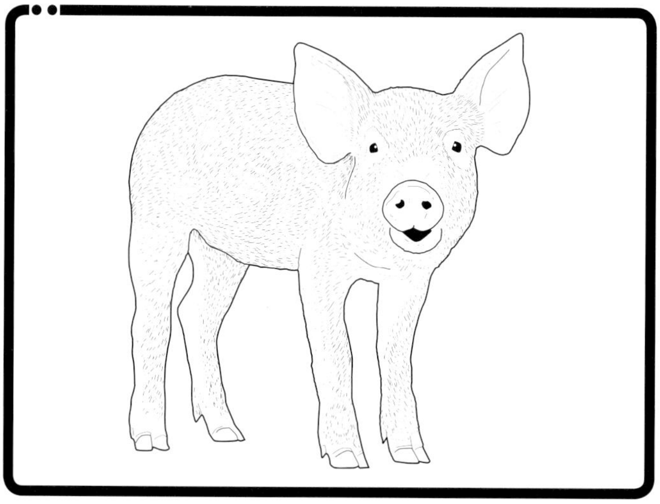
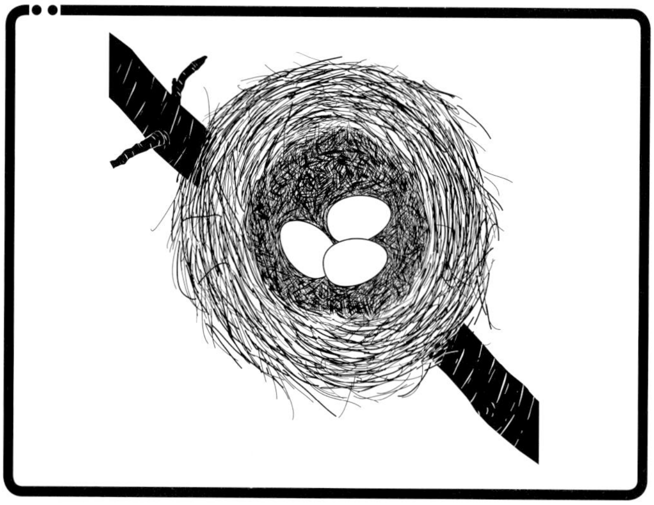

haul	gwely
lemon	jwg
fan	seren
nyth	mochyn

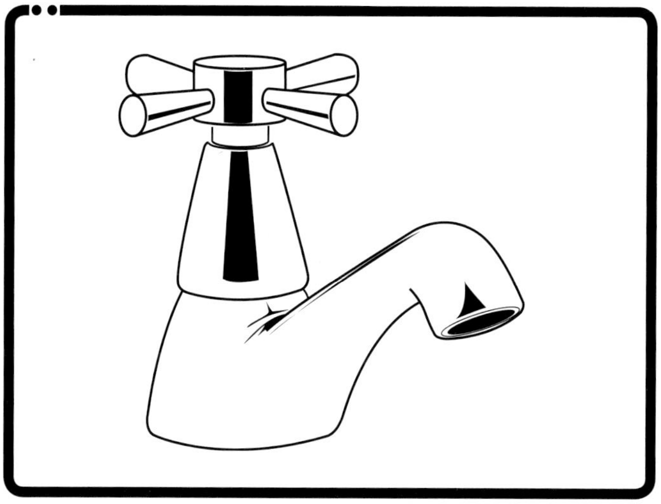

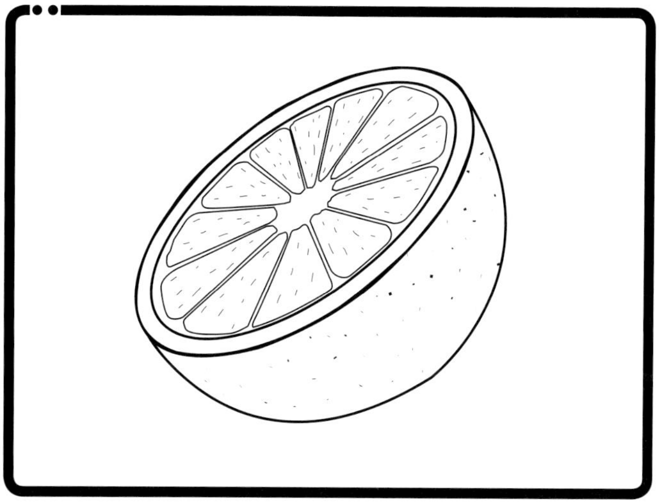

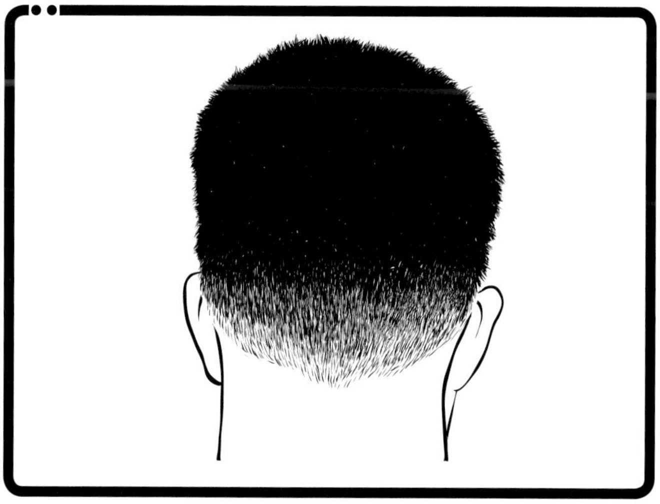

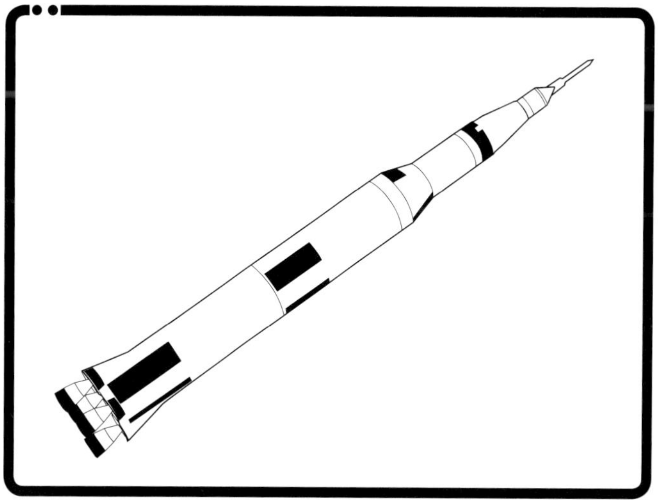

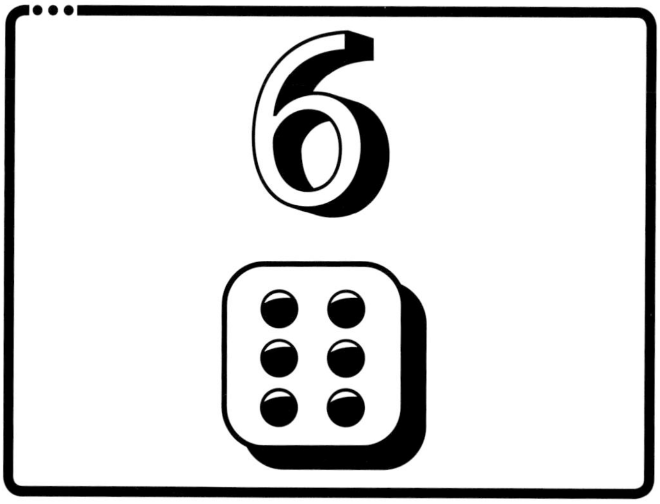
6

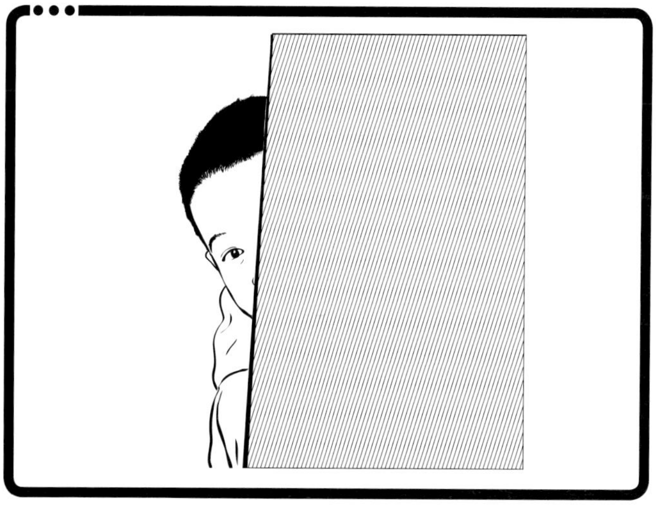

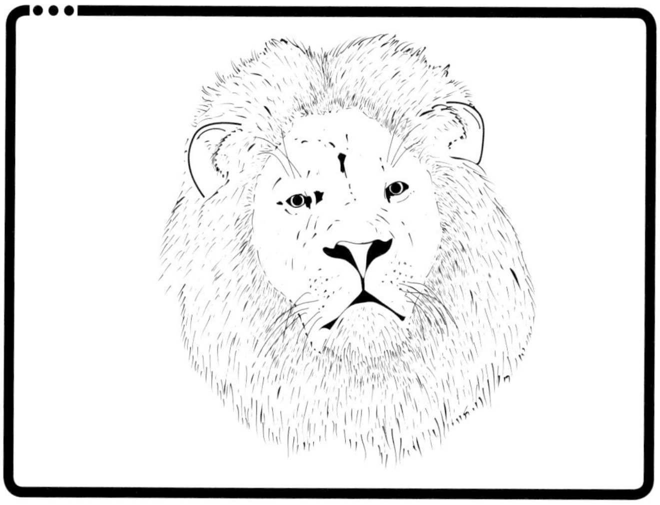

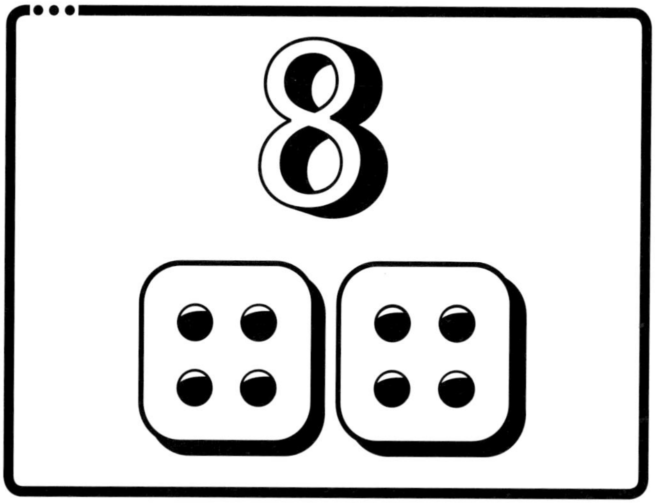
8

oren	tap

roced	pen

cuddio	chwech

wyth	llew

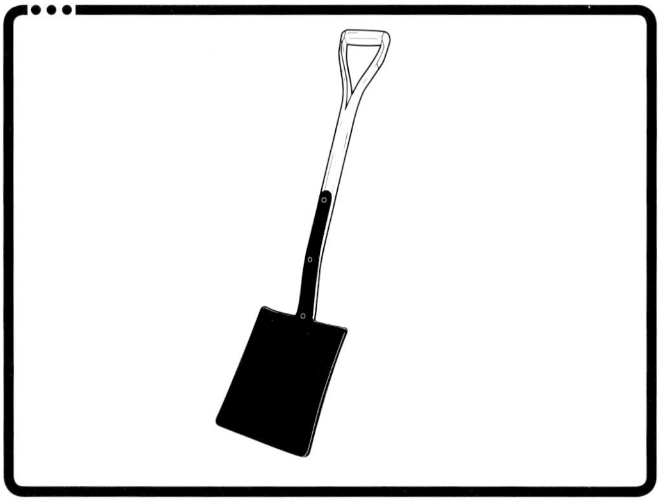

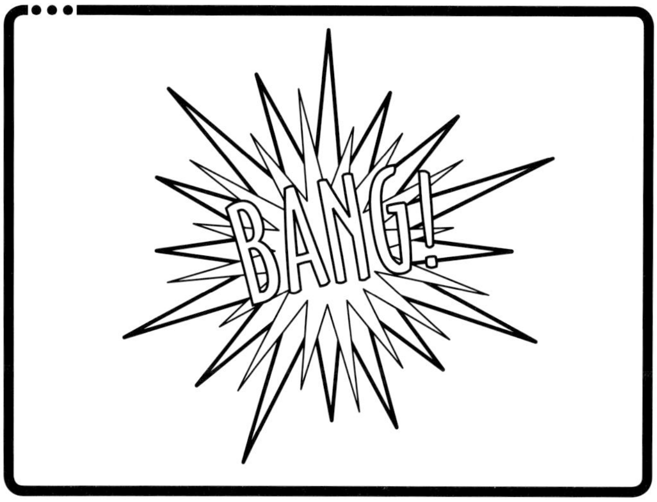
BANG!

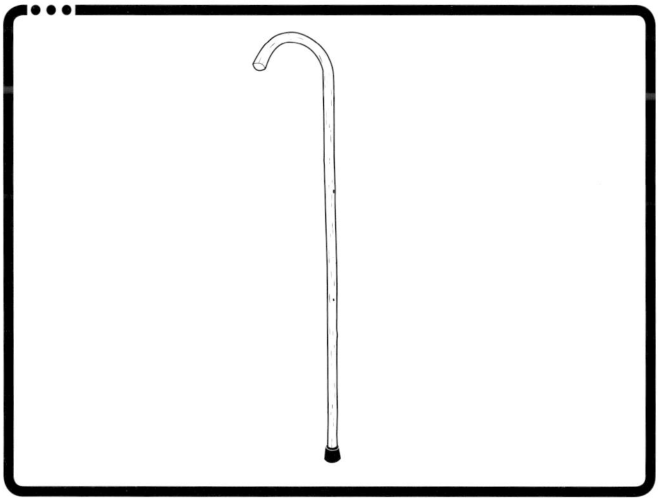

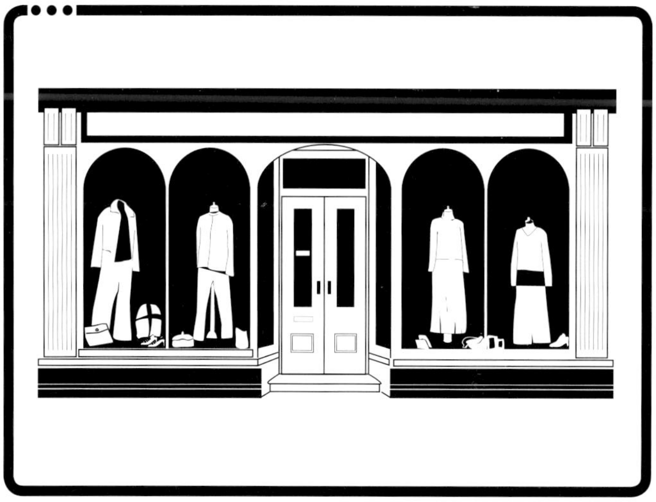

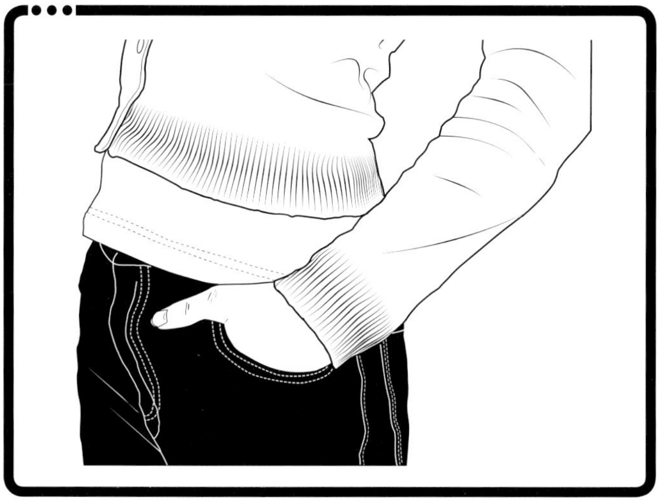

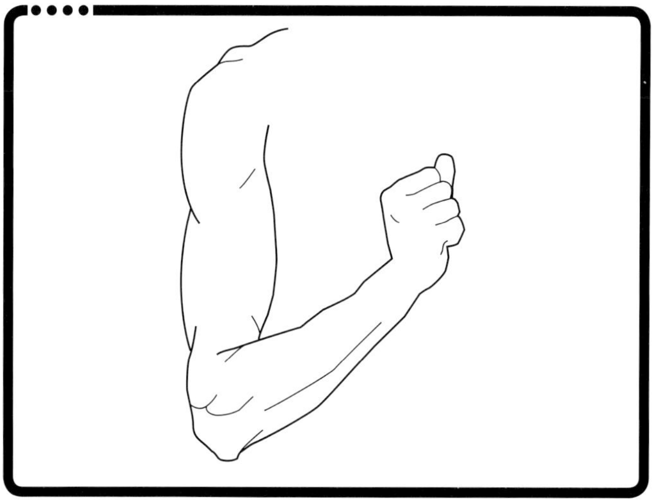

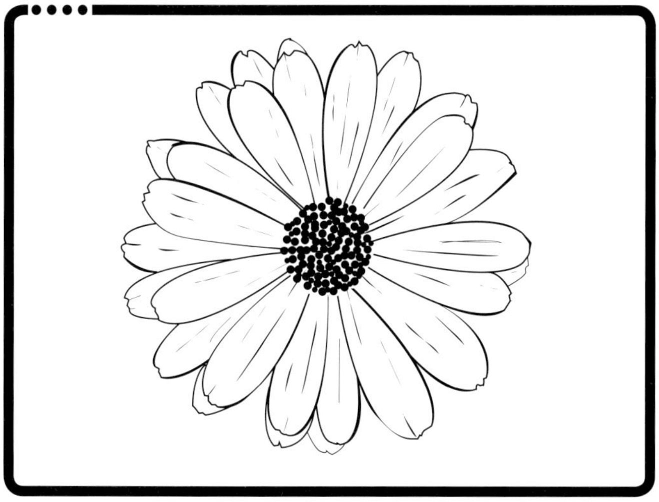

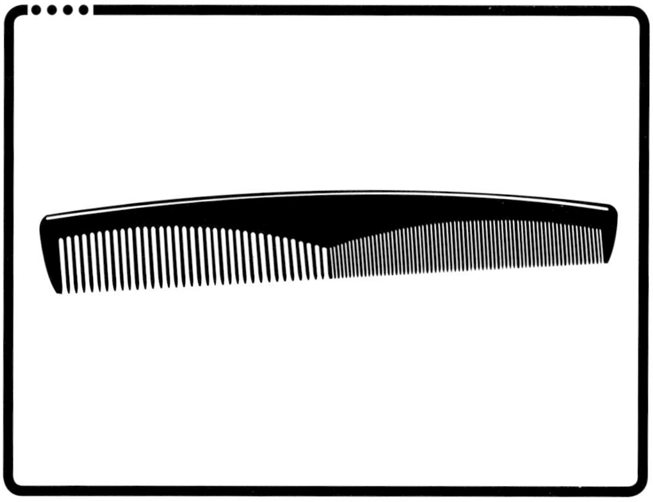

bang   rhaw

siop   ffon

braich   ei phoced

crib   blodyn

12
1
2
3
4
5
6
7
8
9
10
11

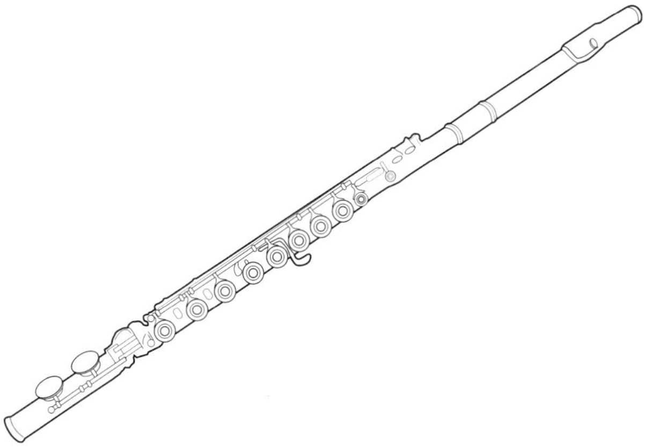

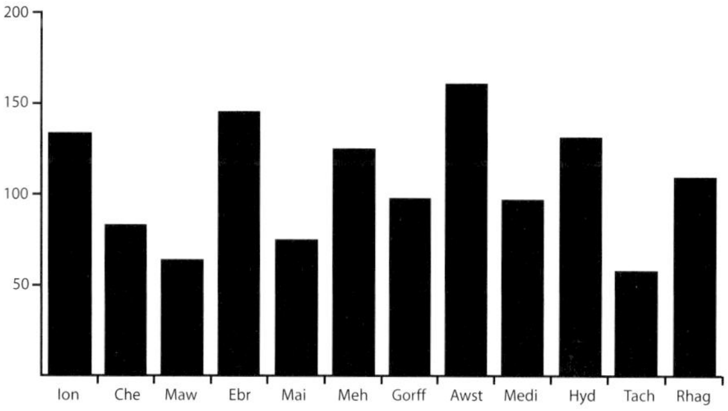
200
150
100
50
Ion
Che
Maw
Ebr
Mai
Meh
Gorff
Awst
Medi
Hyd
Tach
Rhag

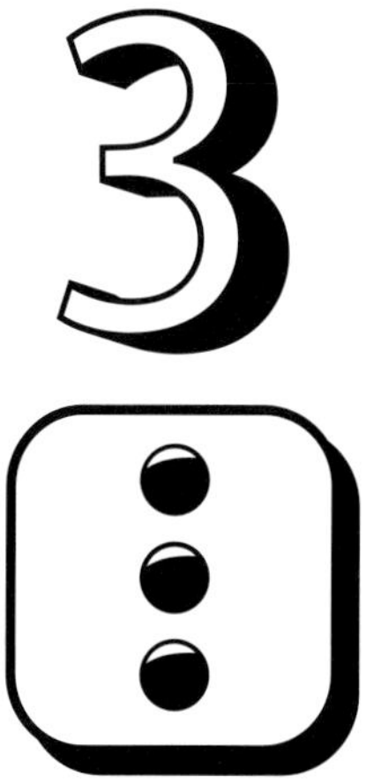
3

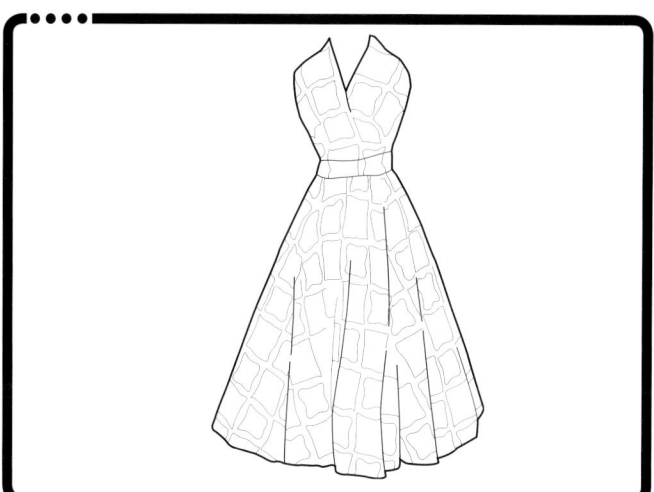

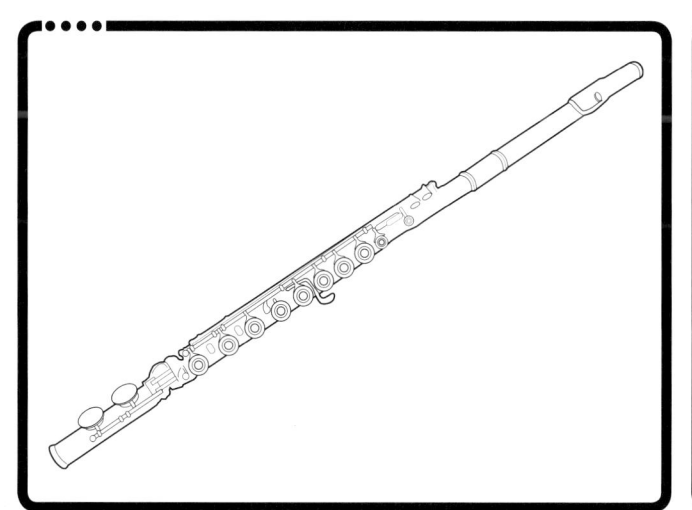

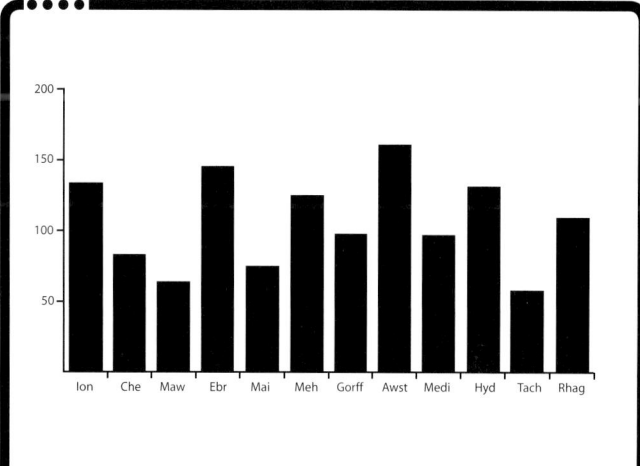

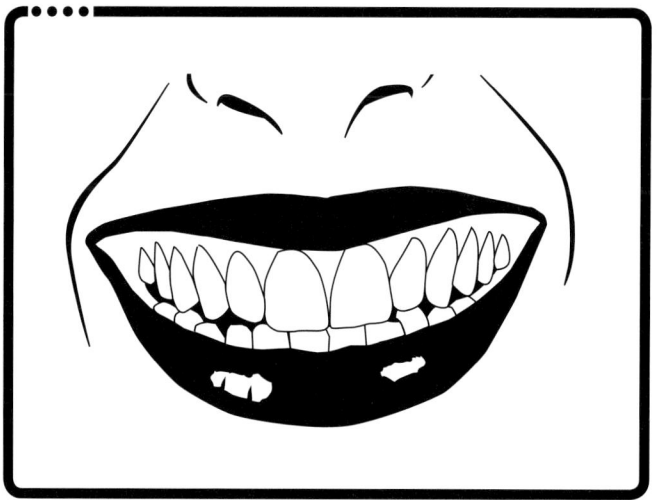

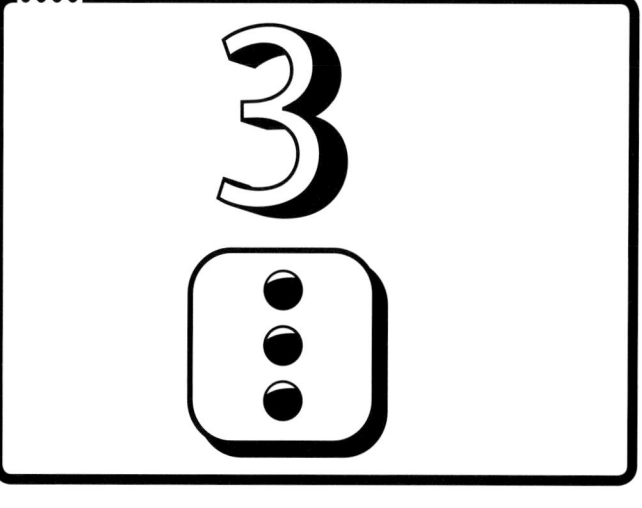

ffrog	cloc
graff	ffliwt
gwên	glaw
tri	pram

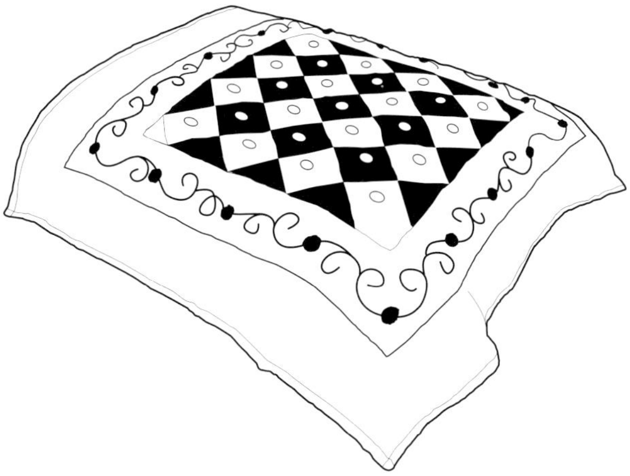

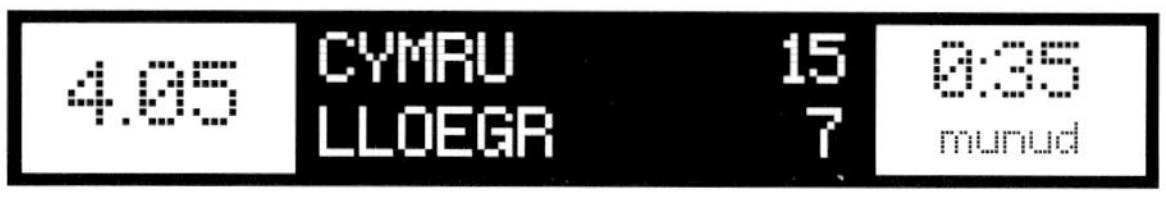
4.05
CYMRU 15
LLOEGR 7
0:35
munud

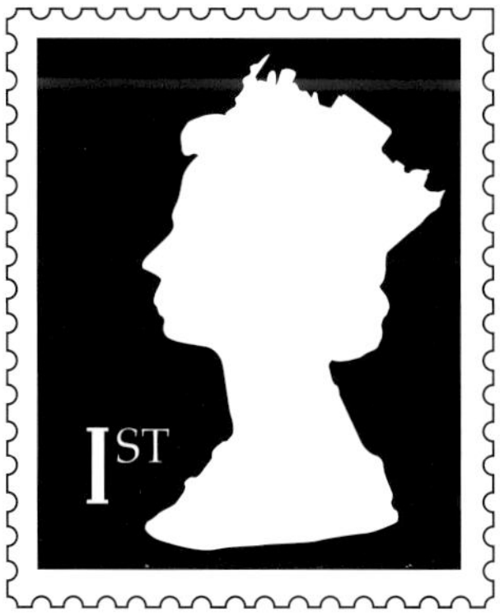
1ST

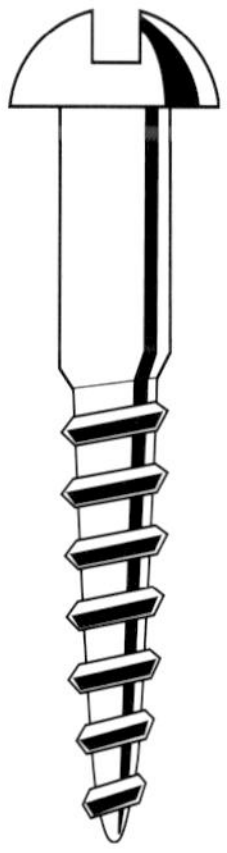

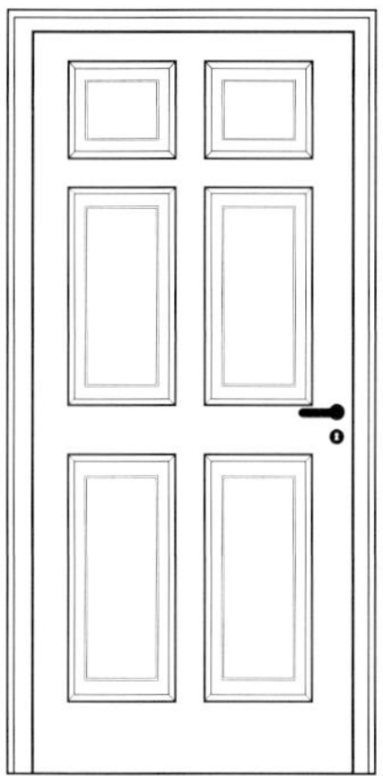

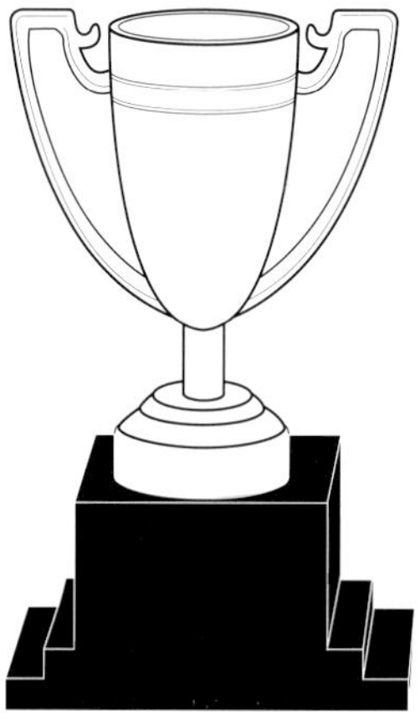

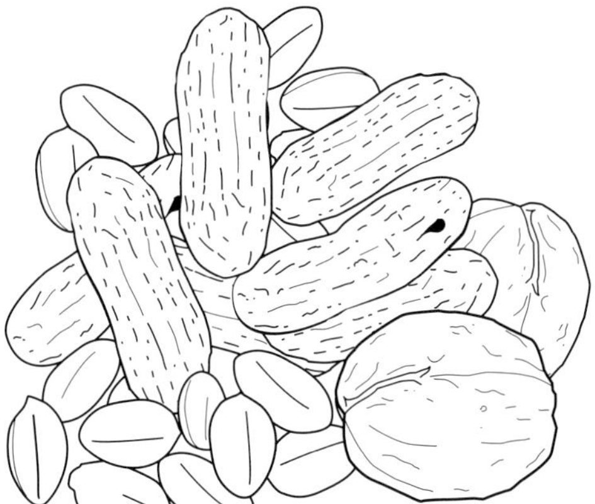

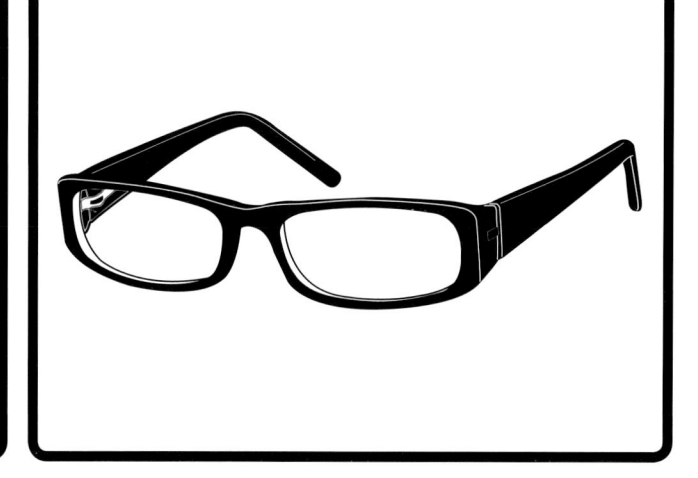

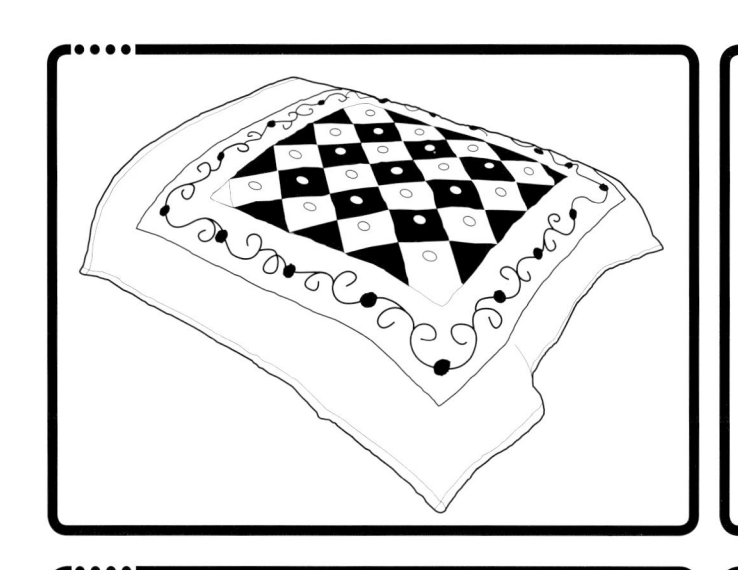

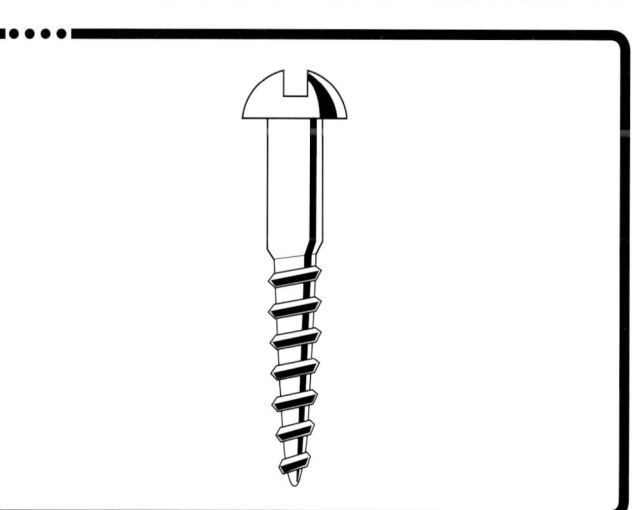

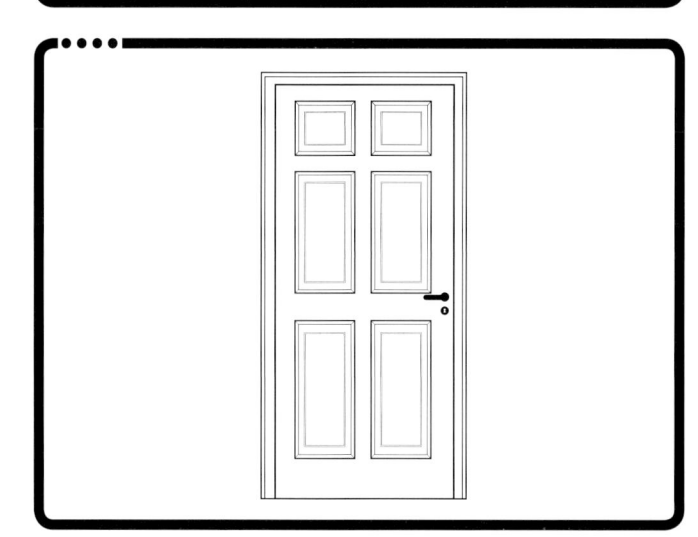

sgôr	cwilt
sgriw	stamp
tlws	drws
sbectol	cnau

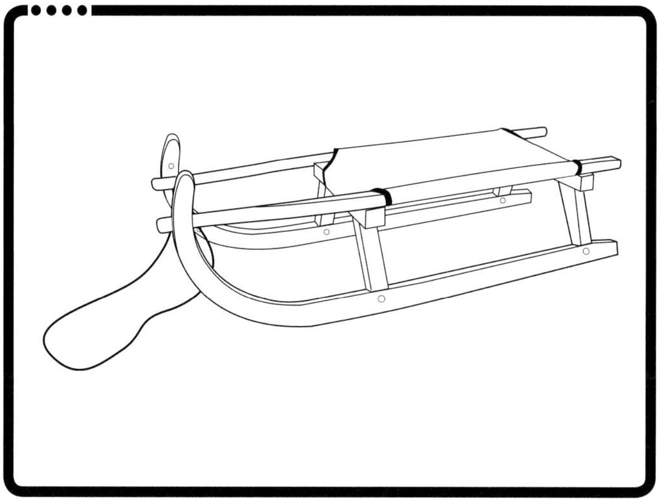
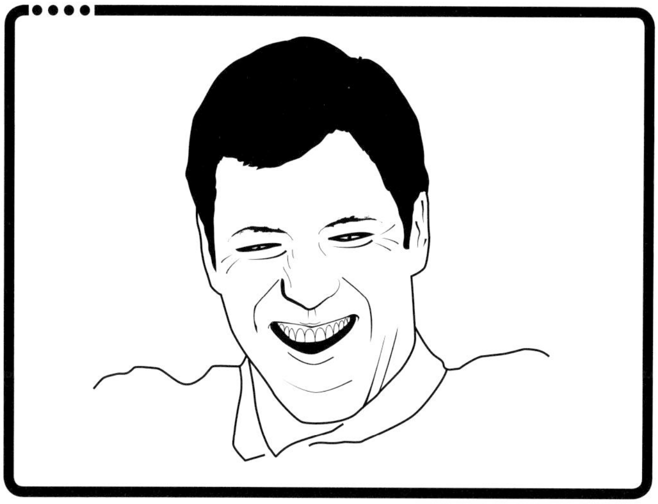
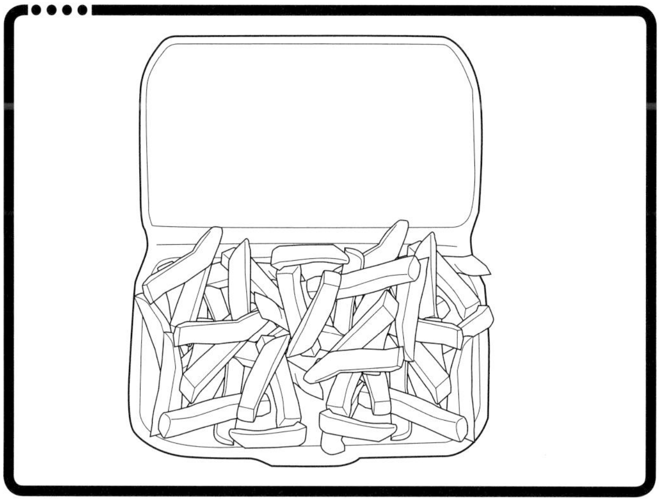
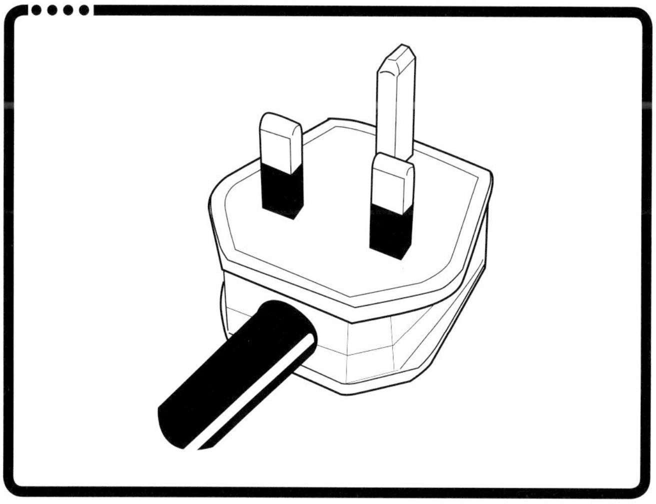
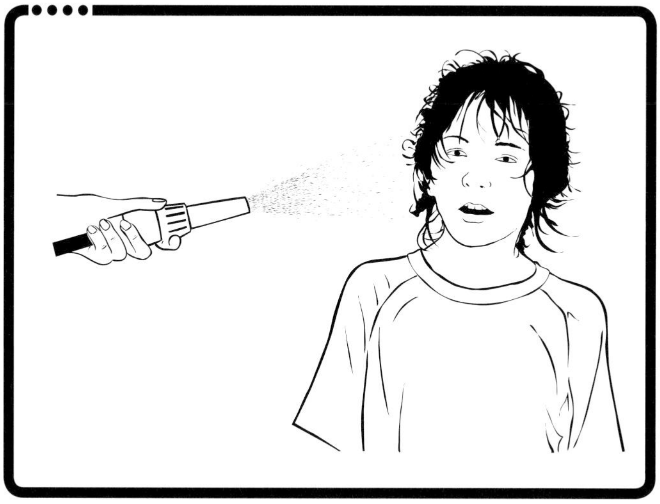
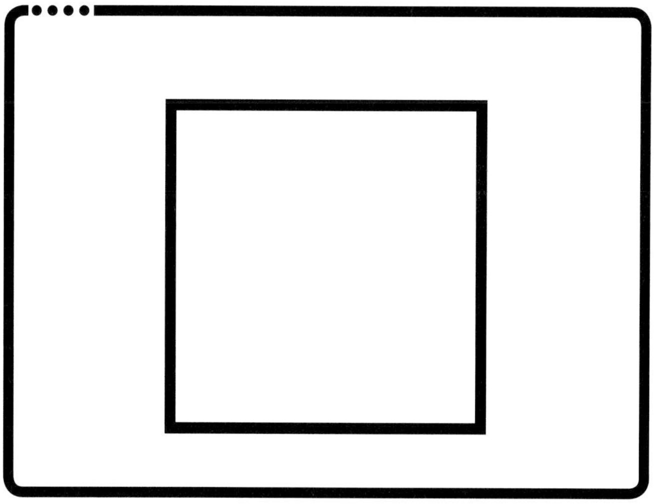
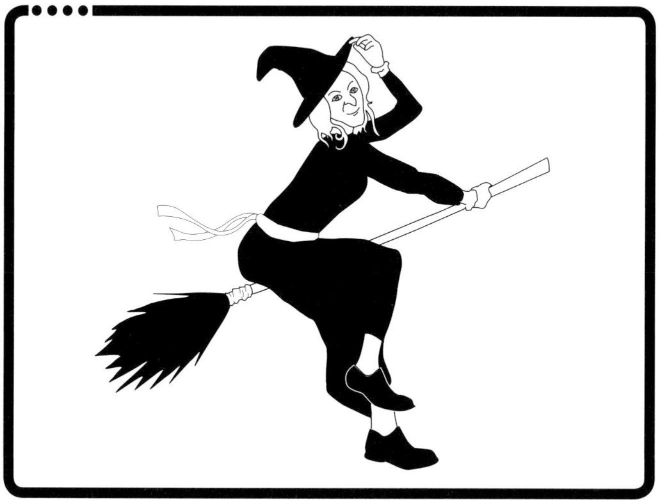
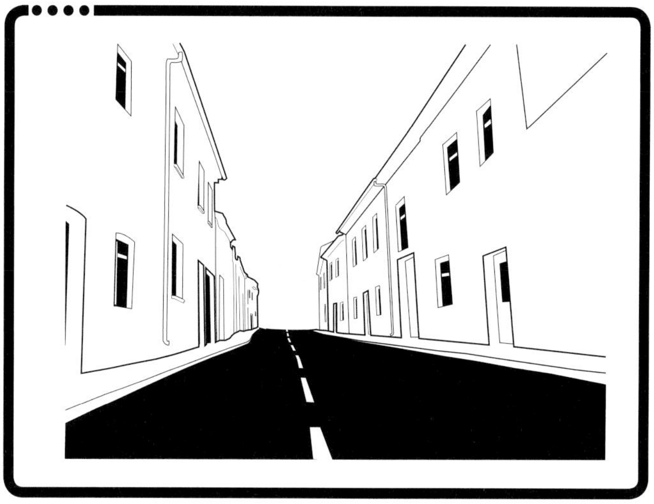

chwerthin   sled

plwg   sglodion

sgwâr   gwlyb

stryd   gwrach

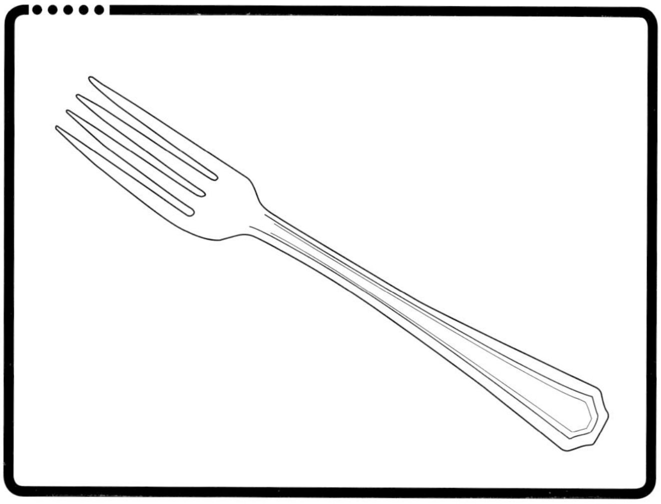

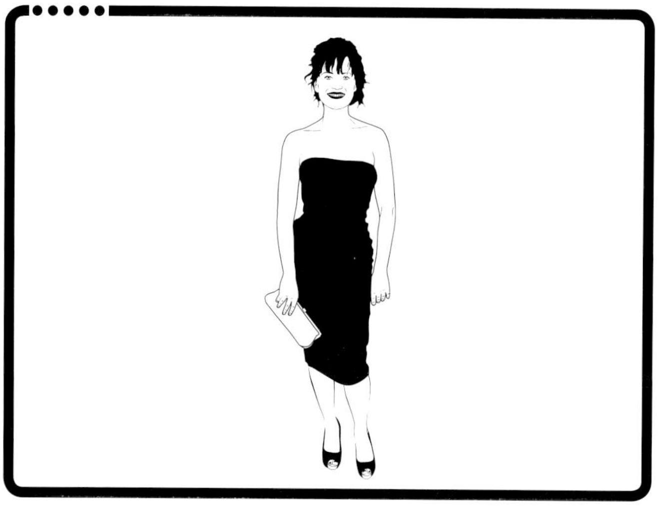

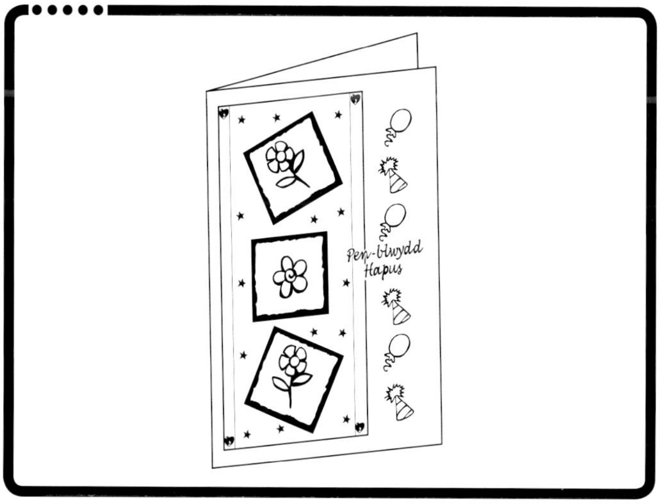
Pen-blwydd
Hapus

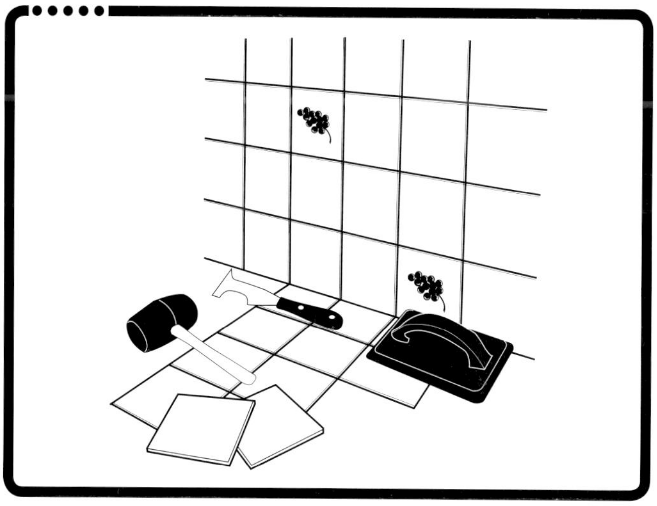

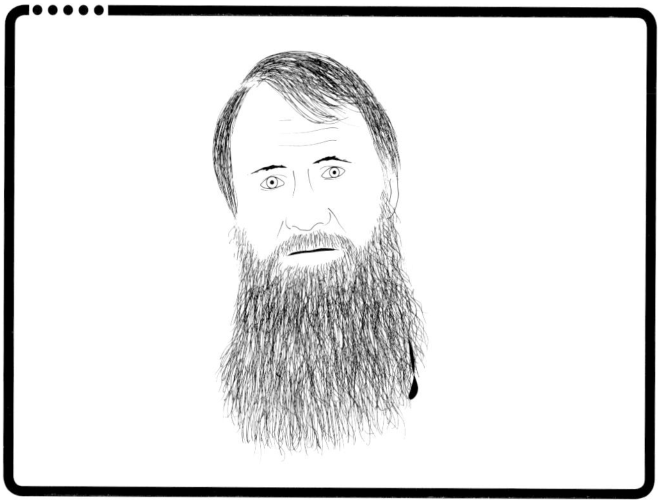

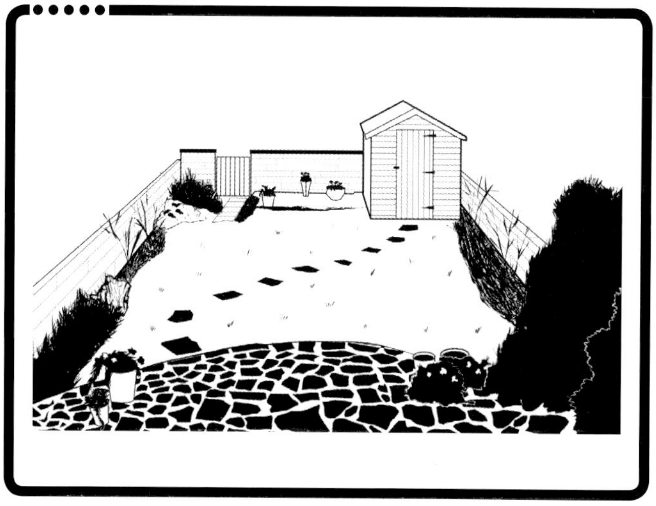

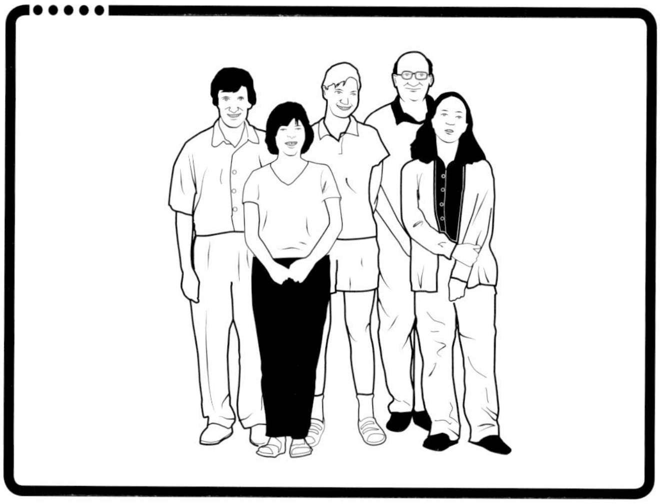

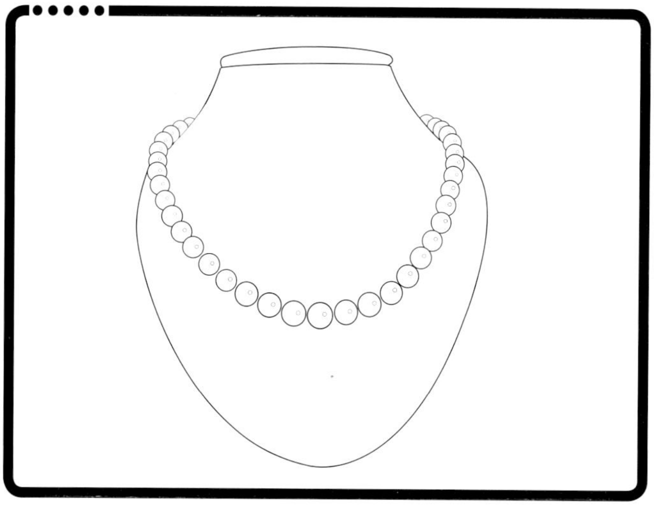

merch	fforc
teils	cerdyn
gardd	barf
perl	pobl

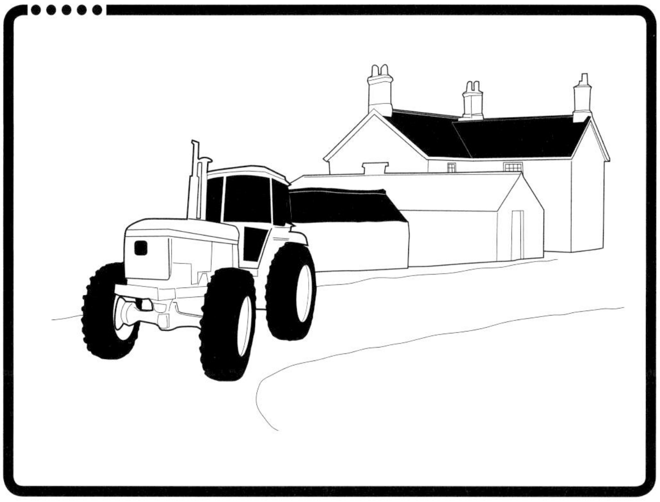
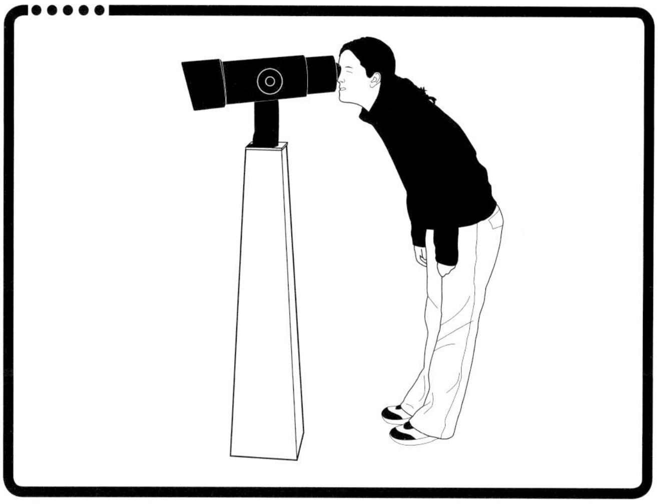
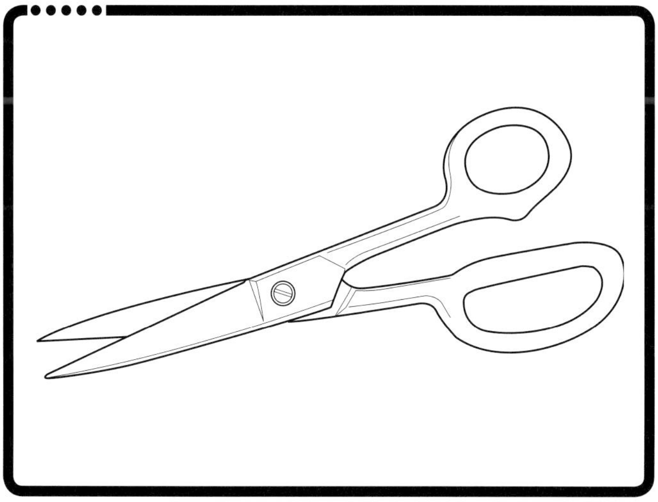
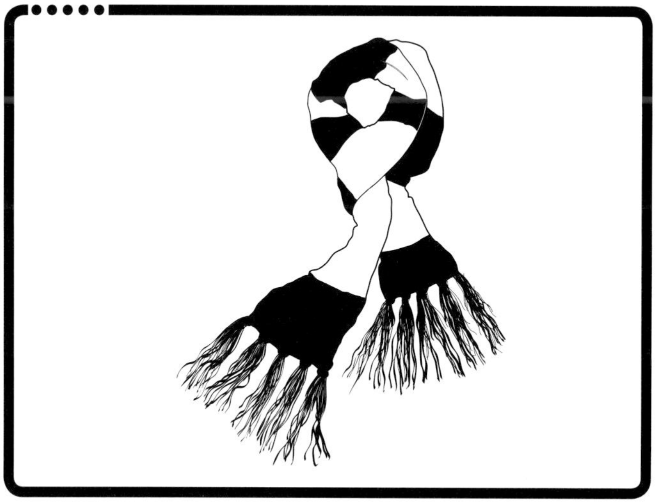
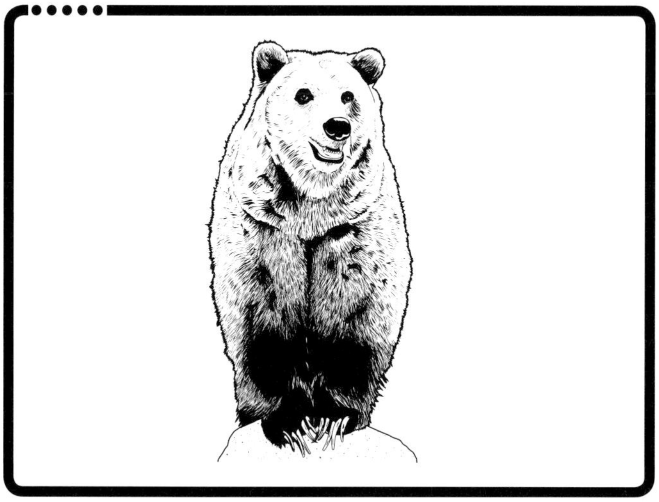
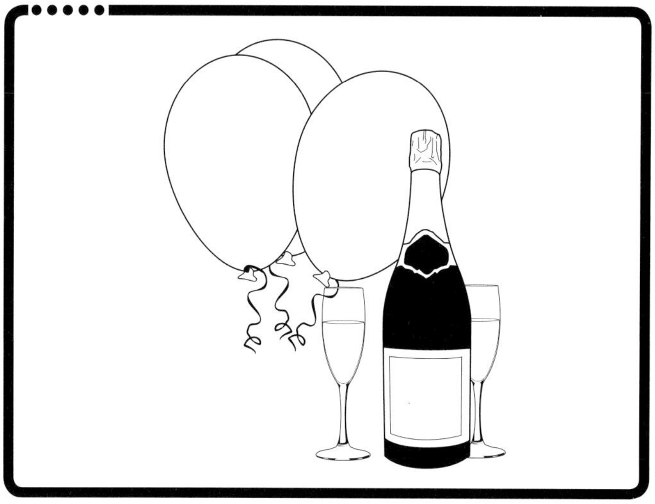
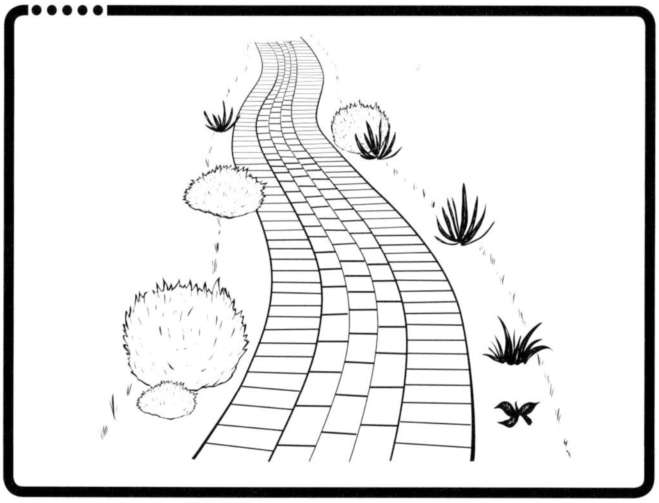
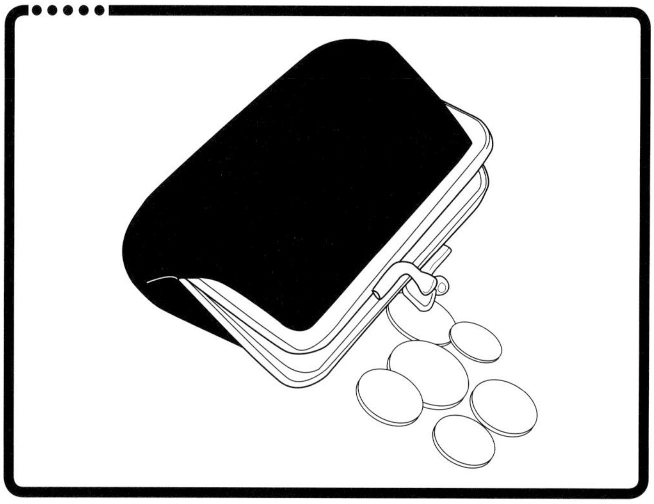

gweld	fferm
sgarff	siswrn
parti	arth
pwrs	llwybr

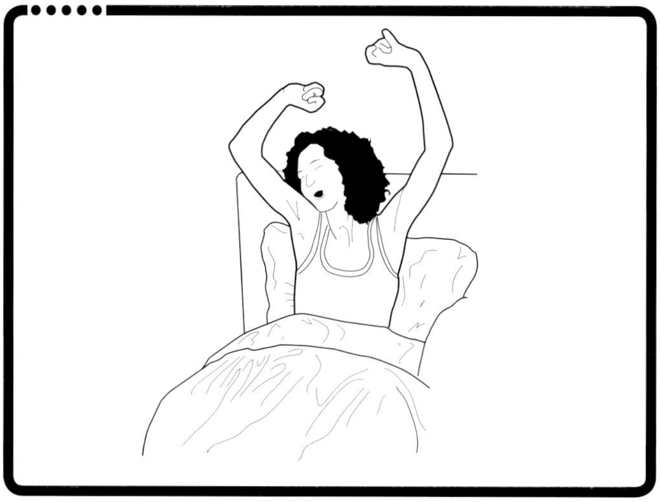
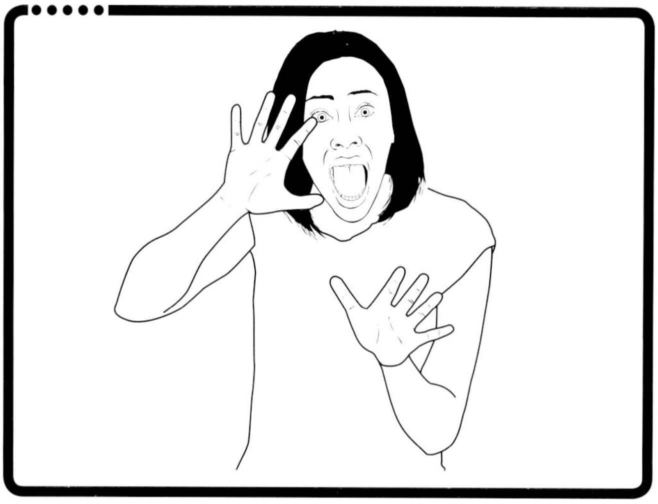
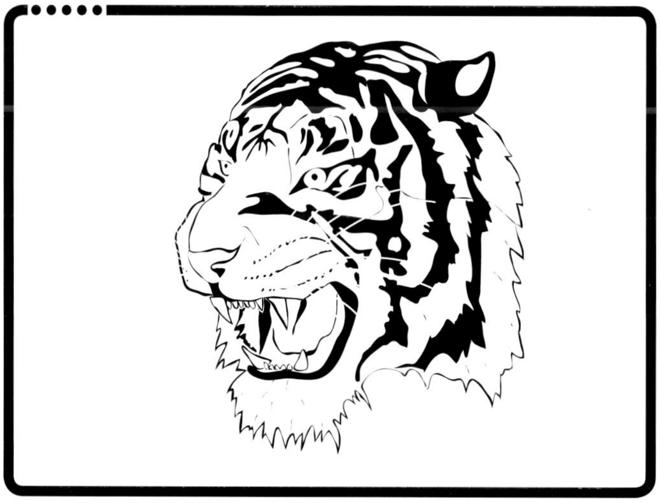
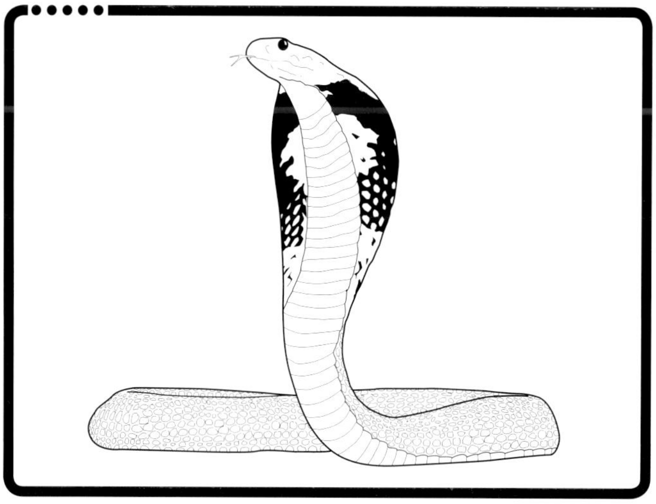
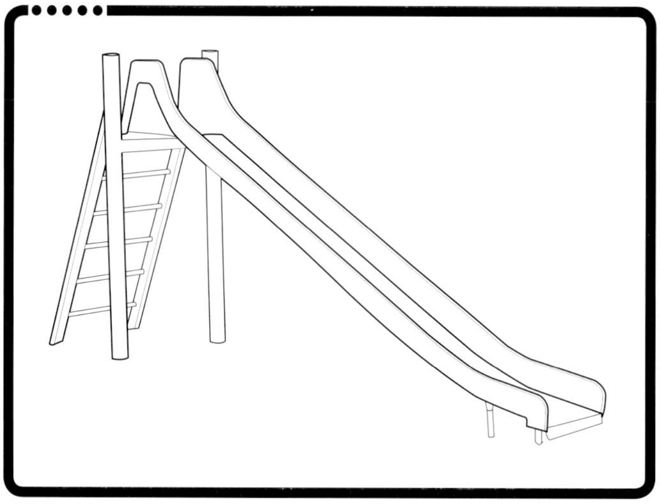
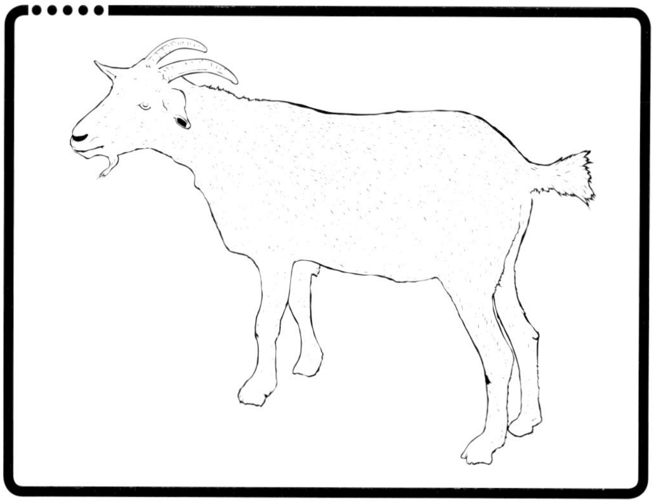
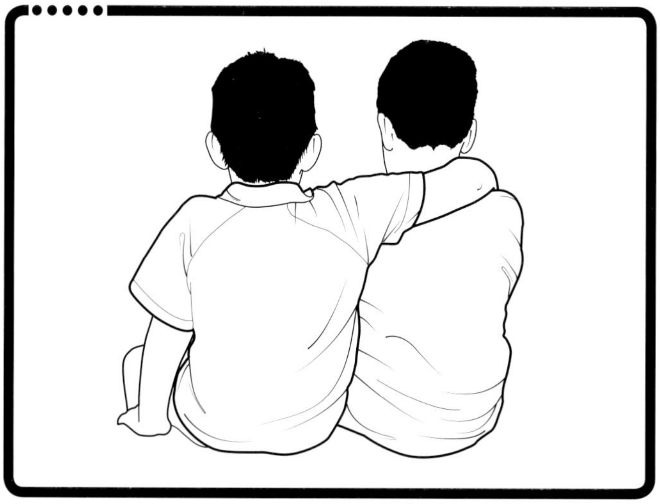
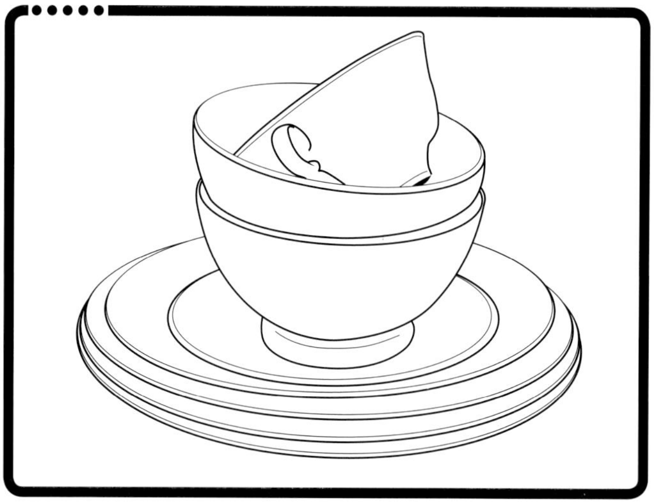

dychryn   deffro

neidr   teigr

gafr   llithren

llestri   ffrind

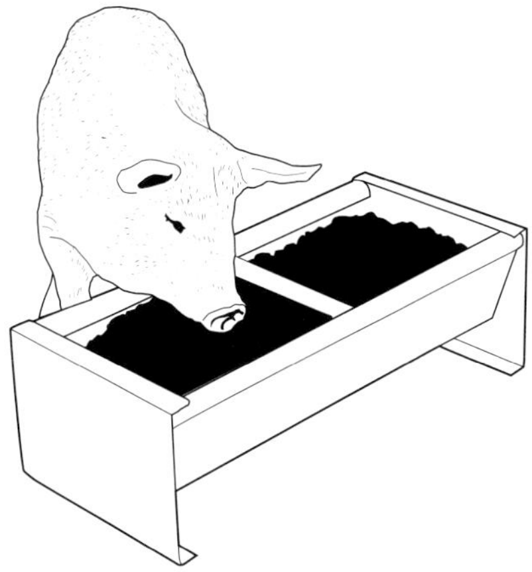

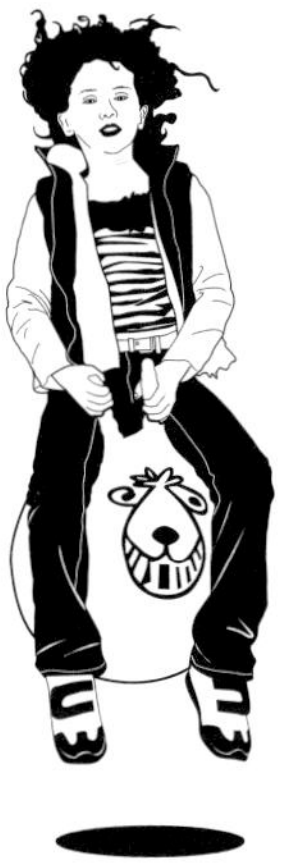

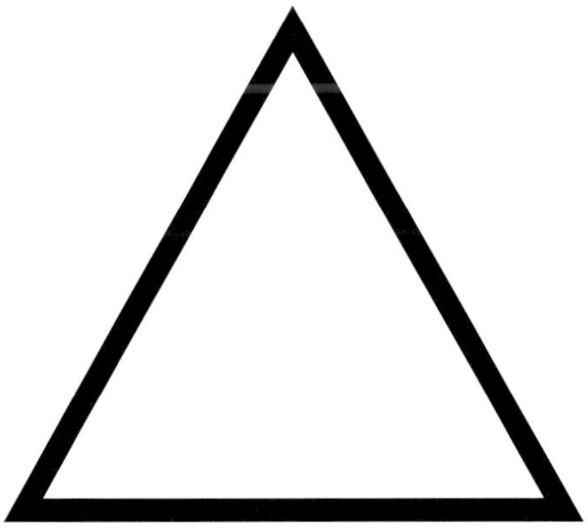

100

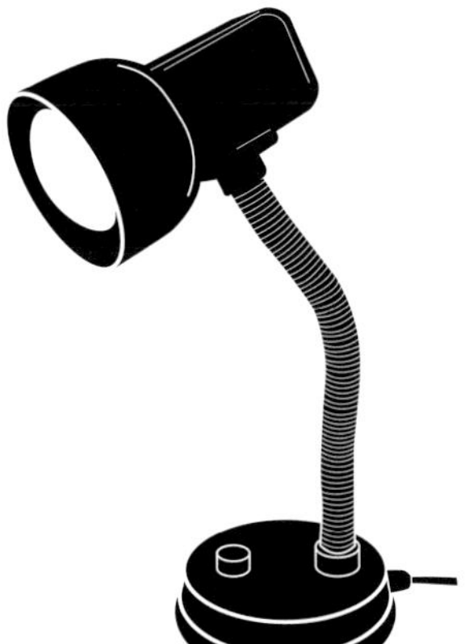

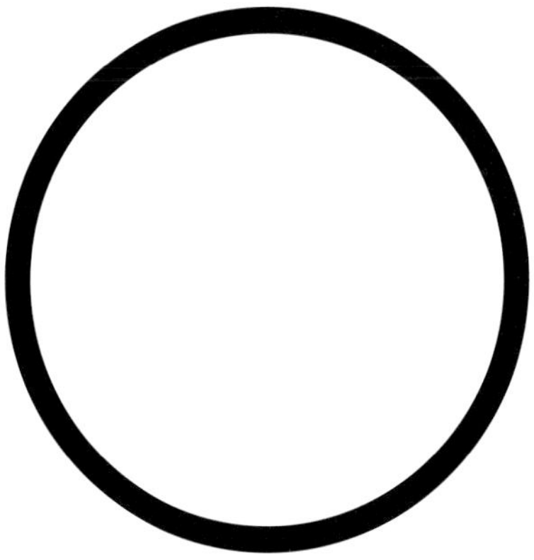

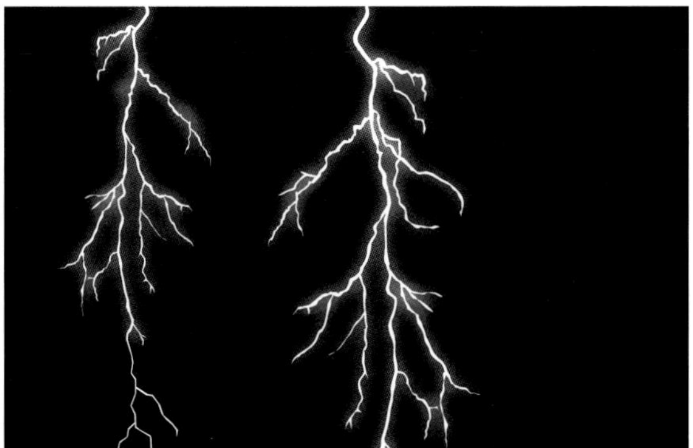

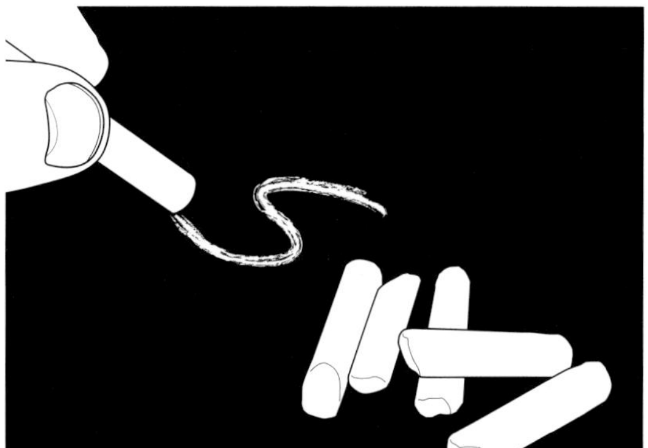

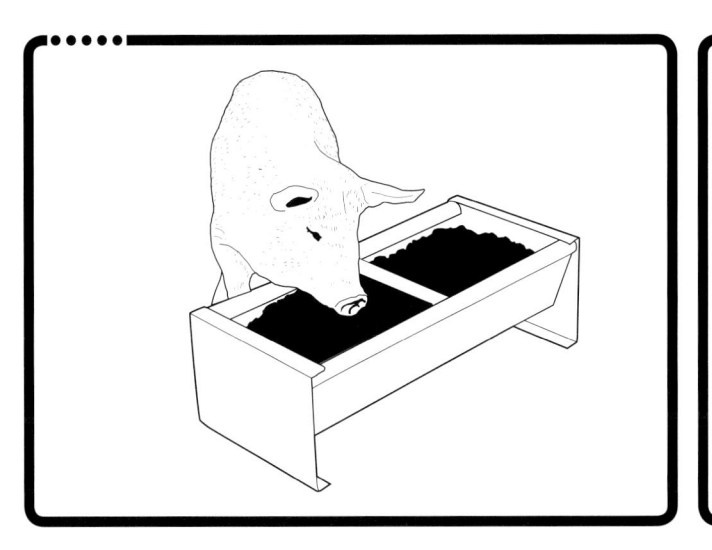

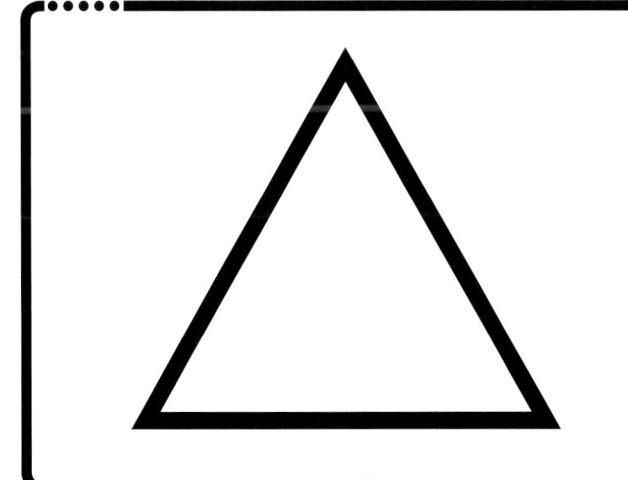

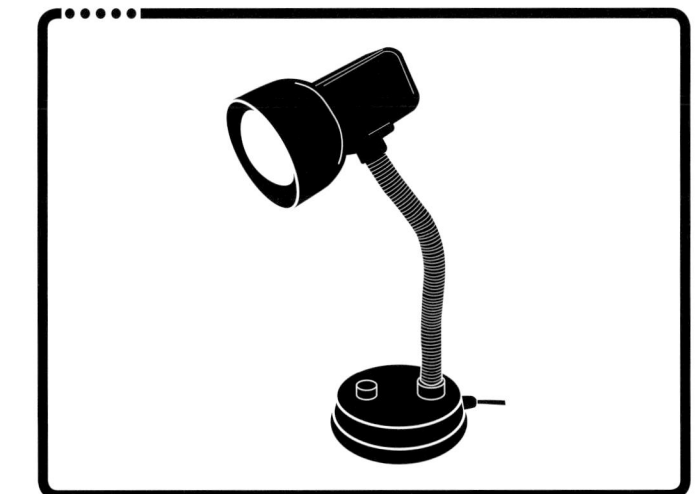

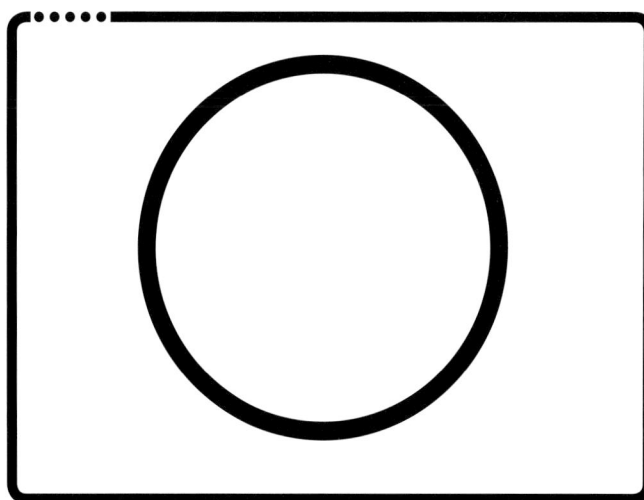

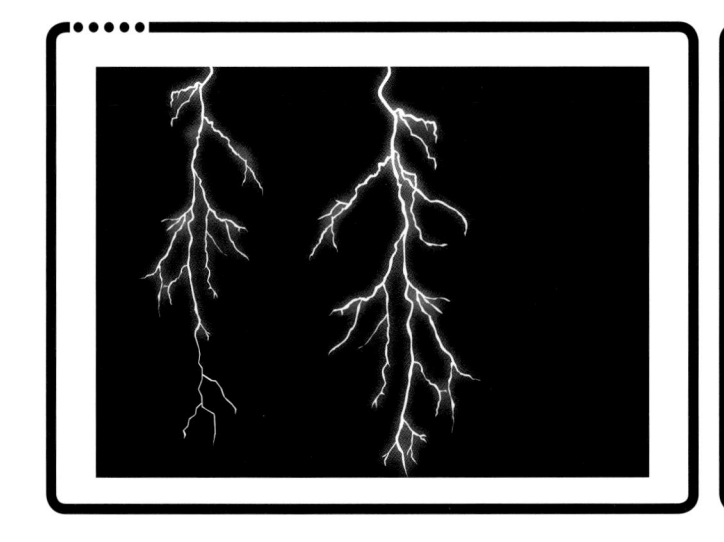

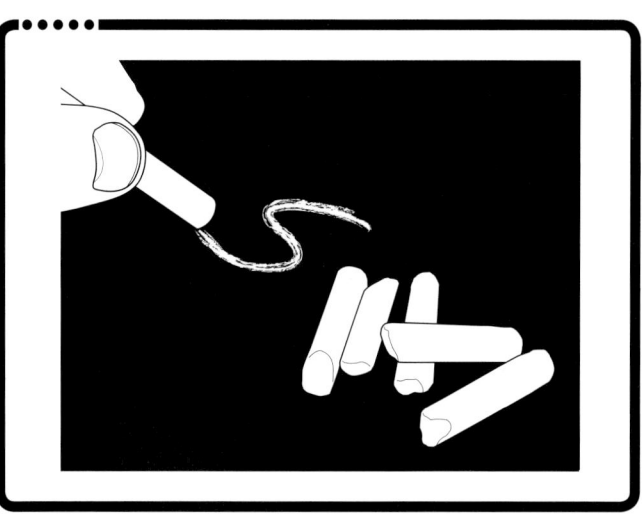

sbonc   cafn

cant   triongl

cylch   lamp

sialc   mellt

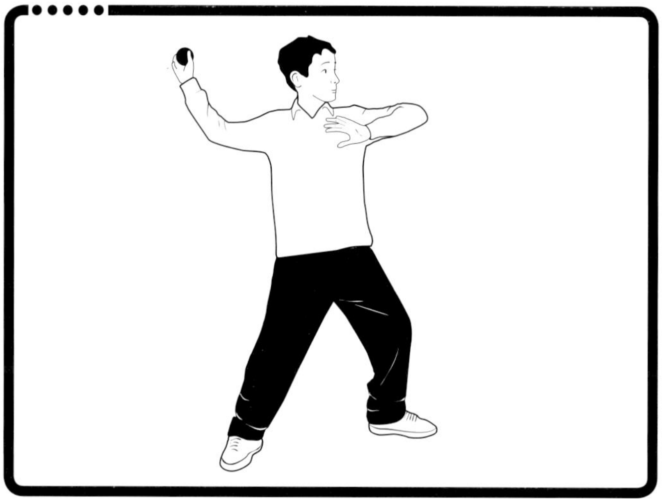
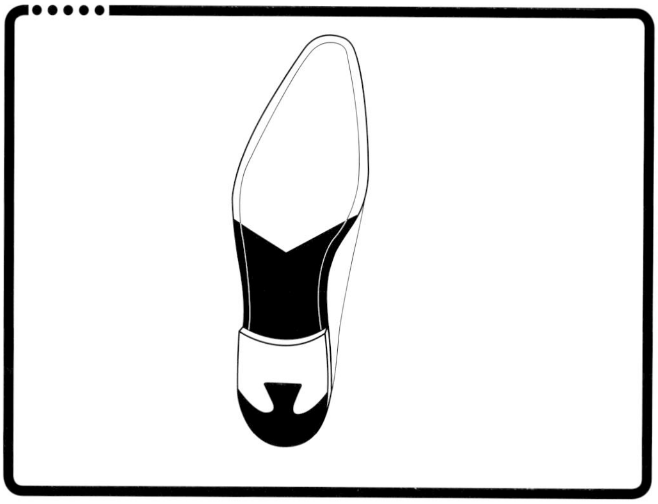
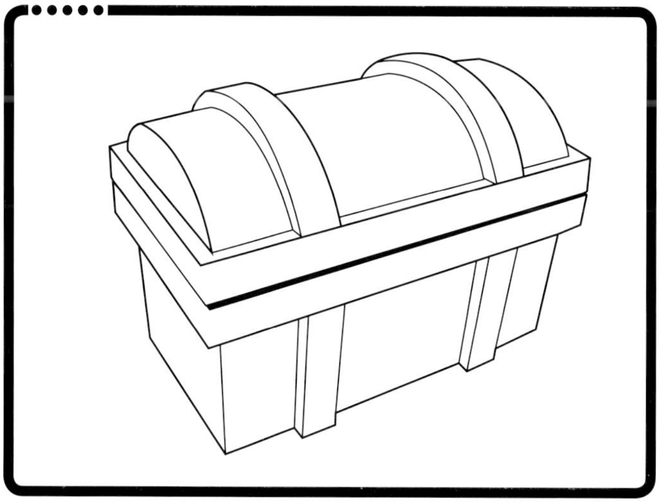

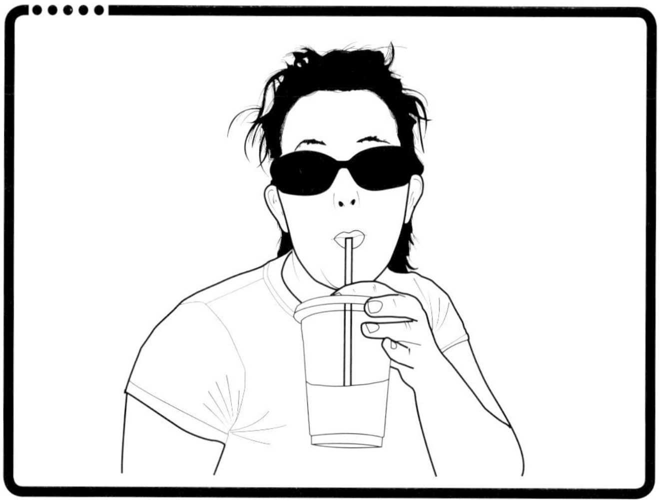
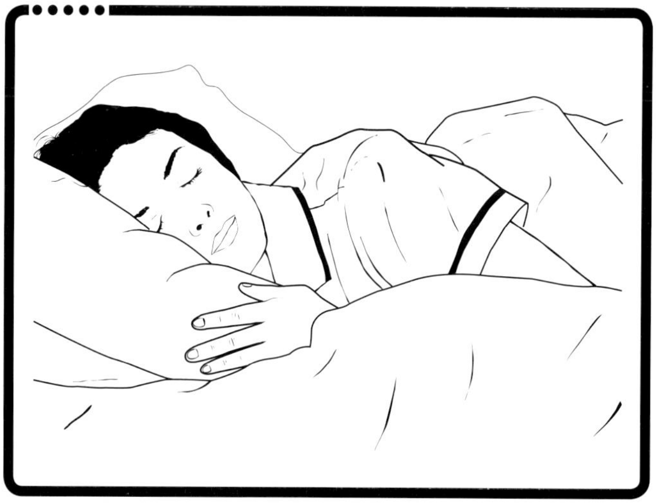
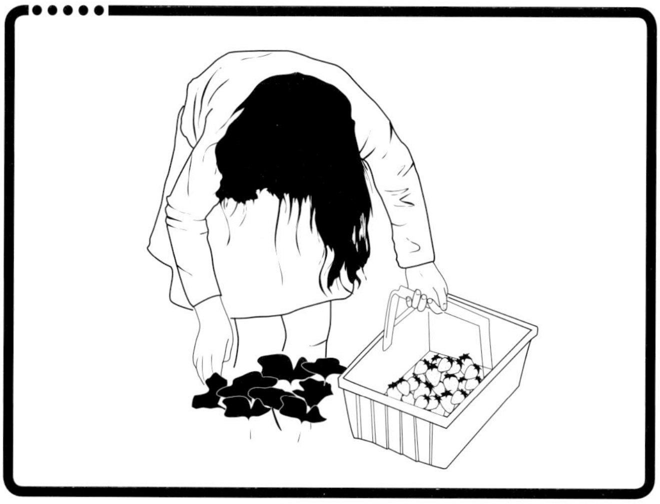
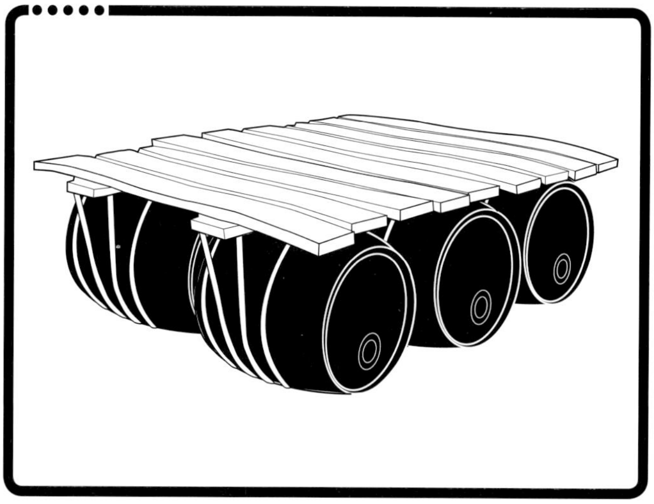

sawdl	taflu
perygl	cist
cysgu	sugno
rafft	casglu

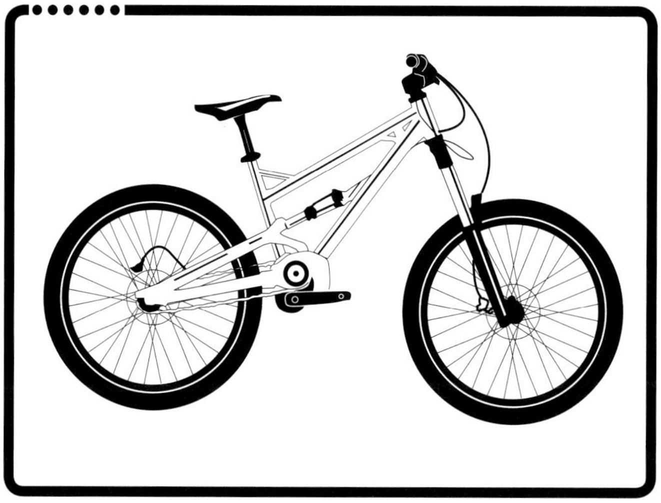
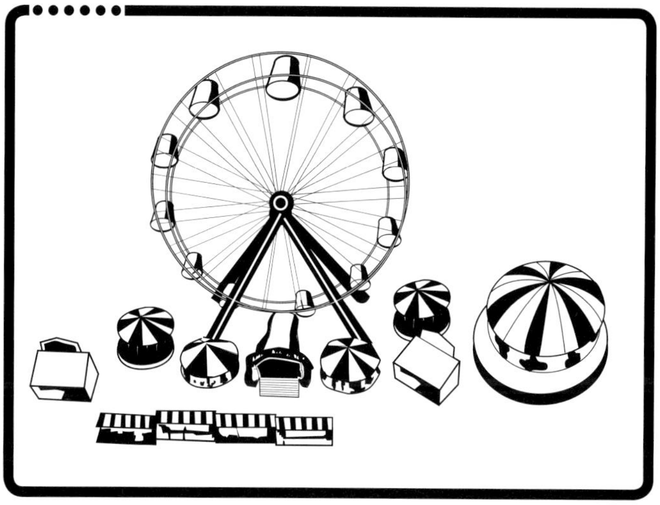
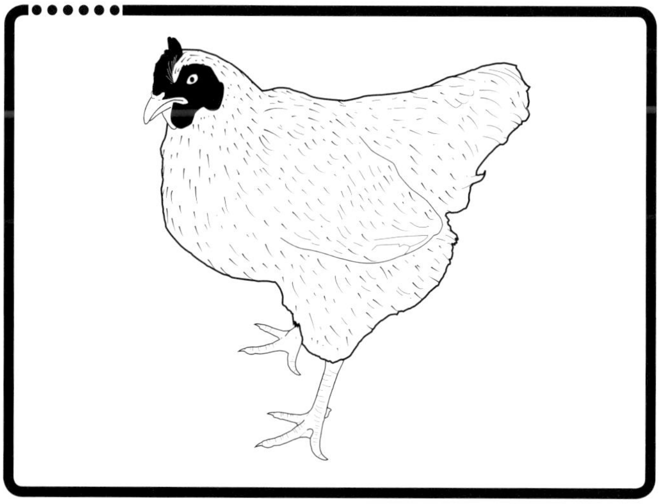
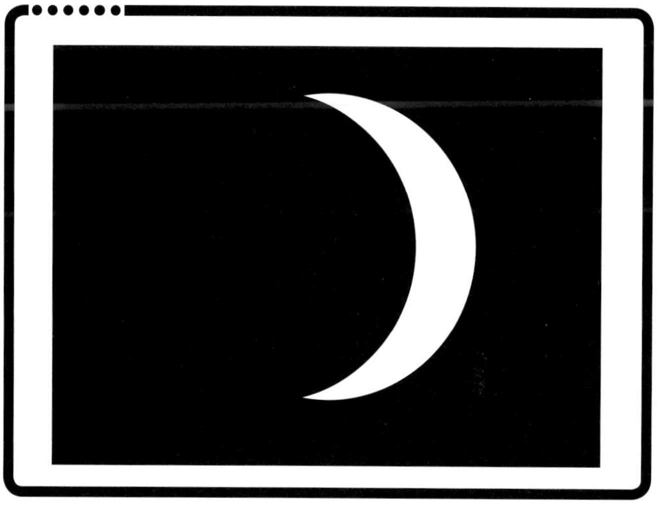
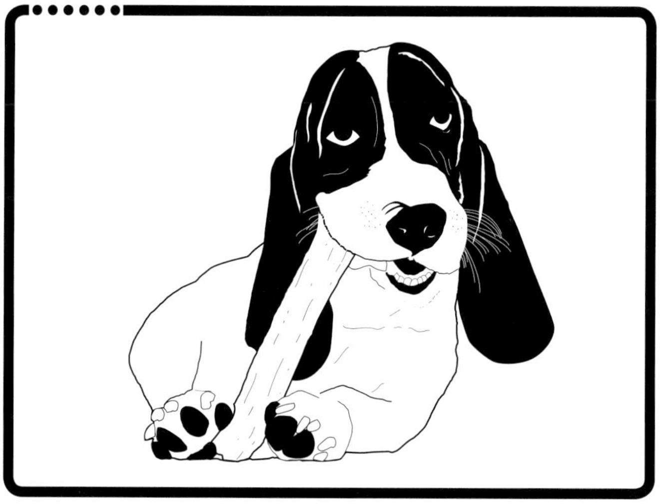
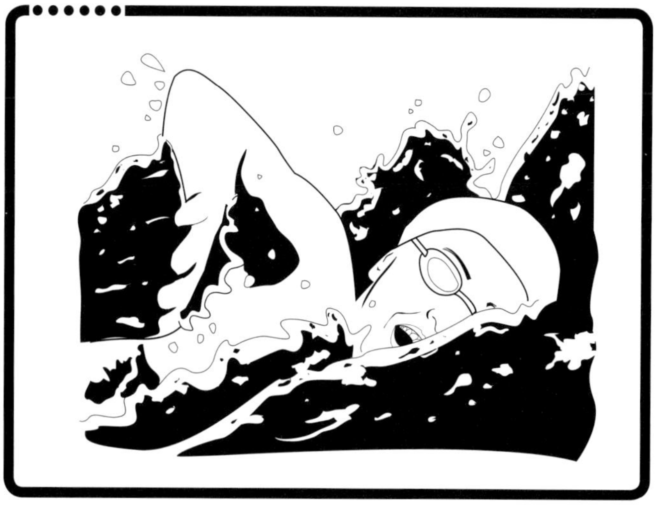
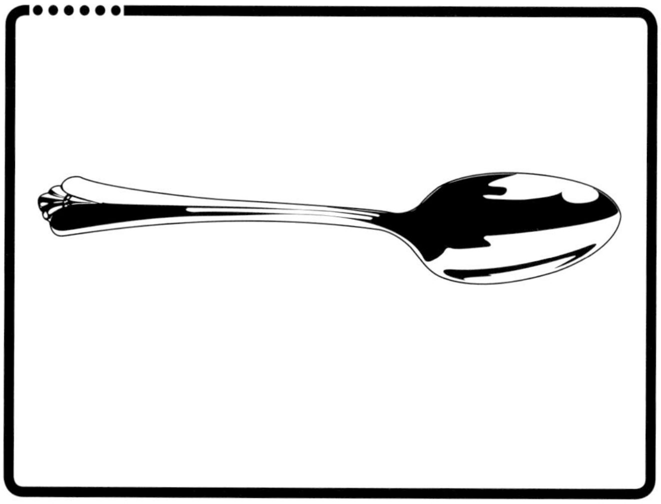
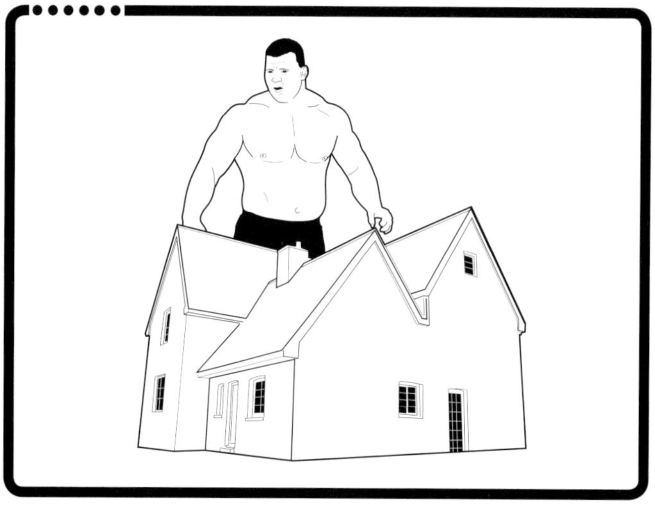

ffair	beic
lleuad	iâr
nofio	cnoi
cawr	llwy

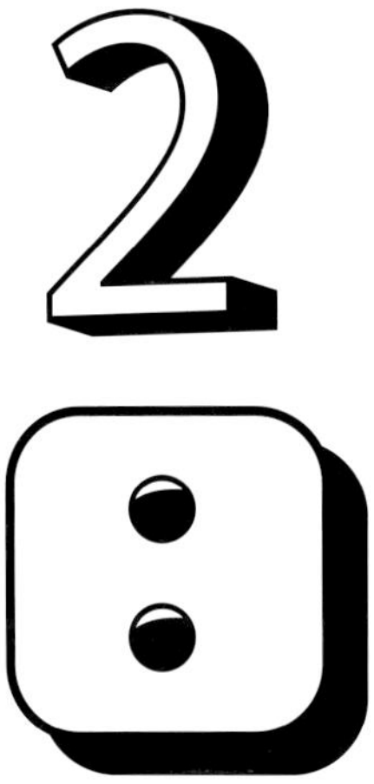
2

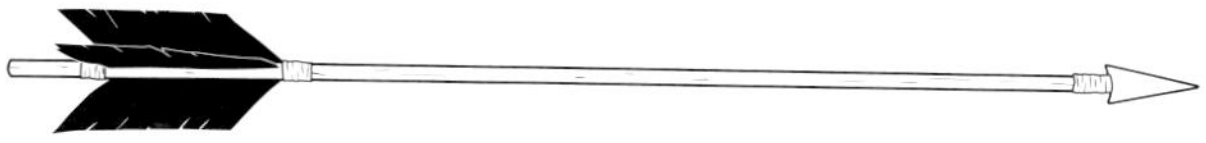

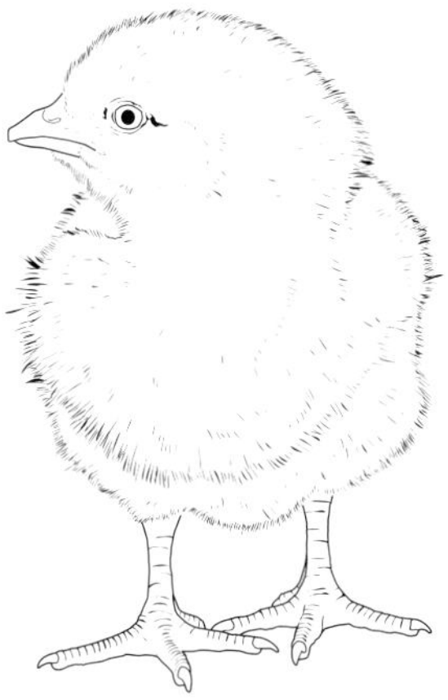

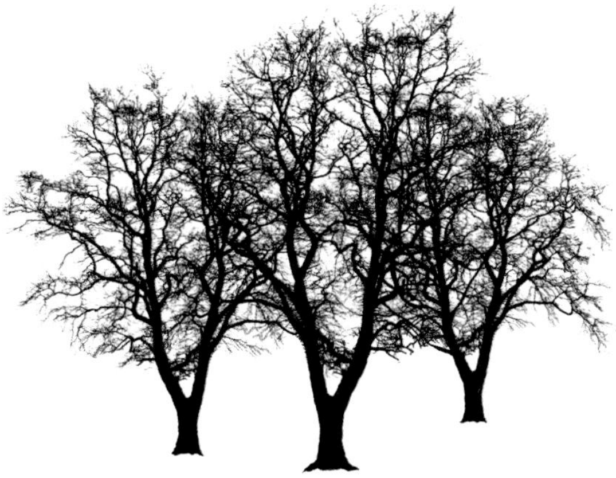

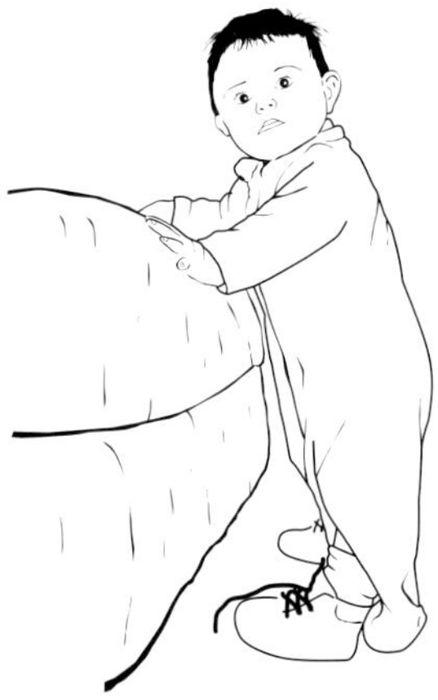

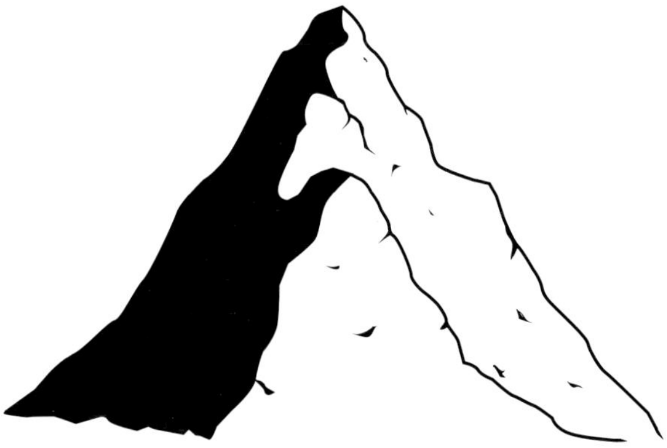

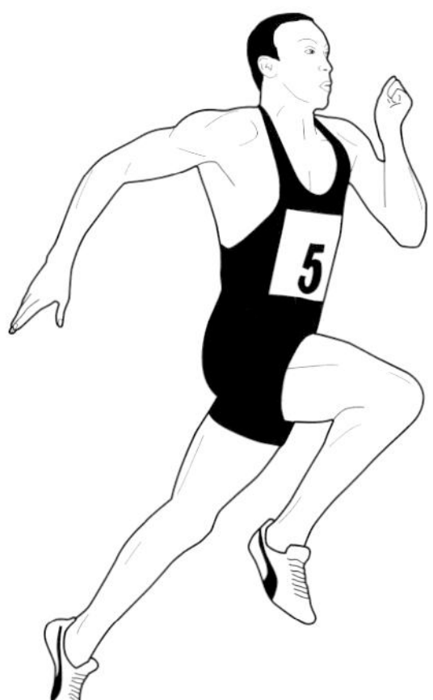

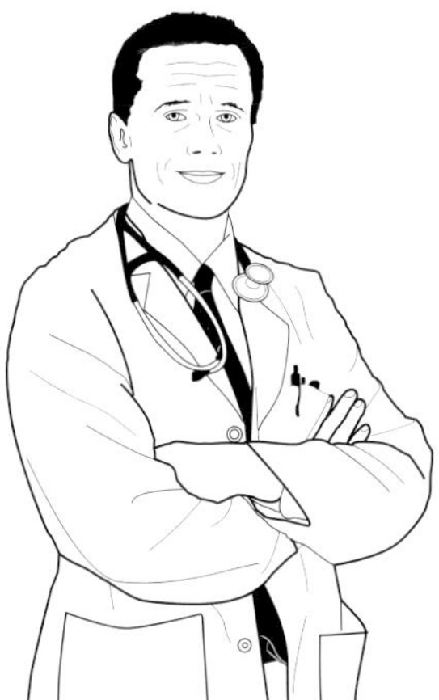

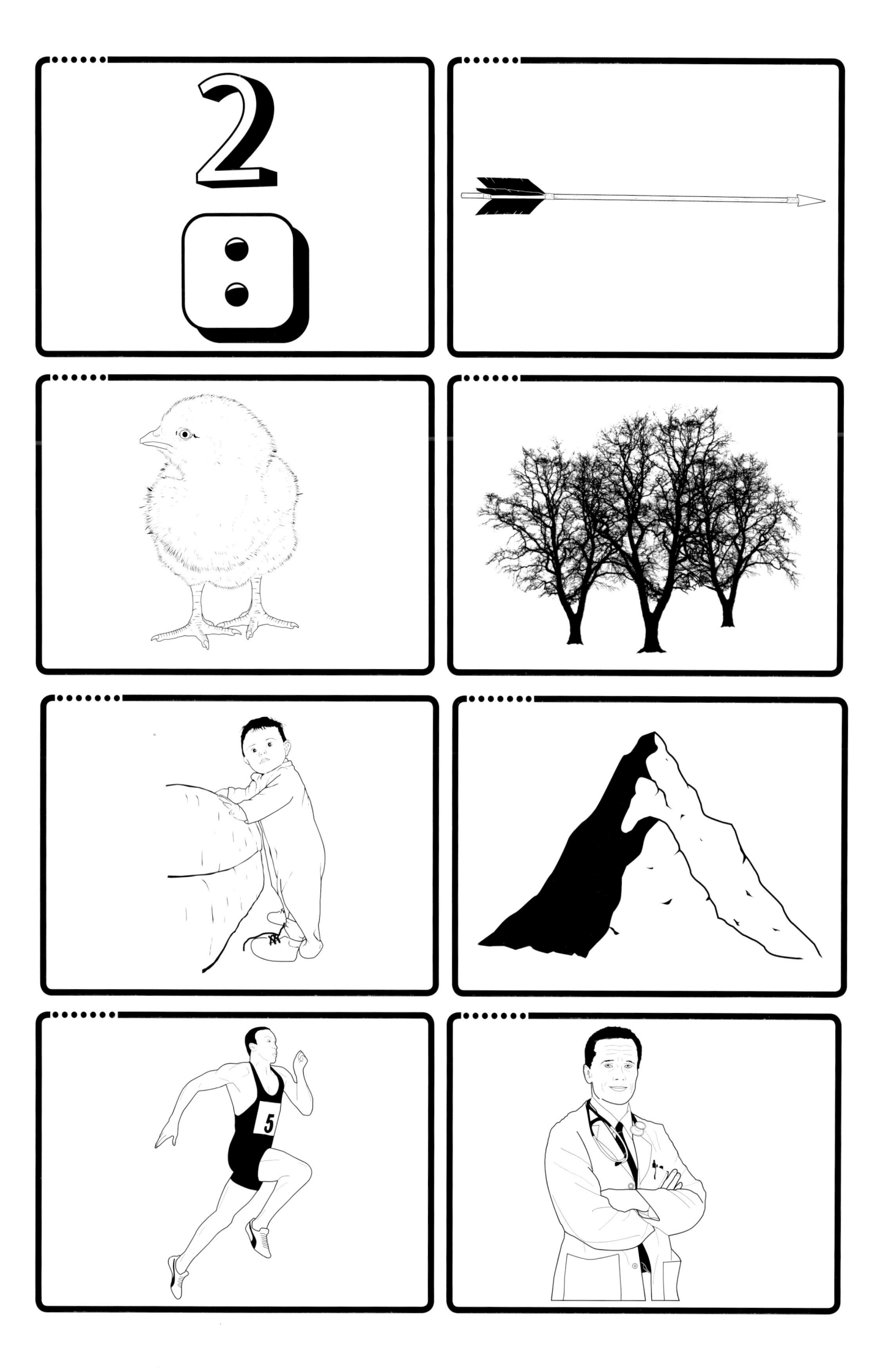

saeth	dau
coed	cyw
sefyll	mynydd
meddyg	cyflym

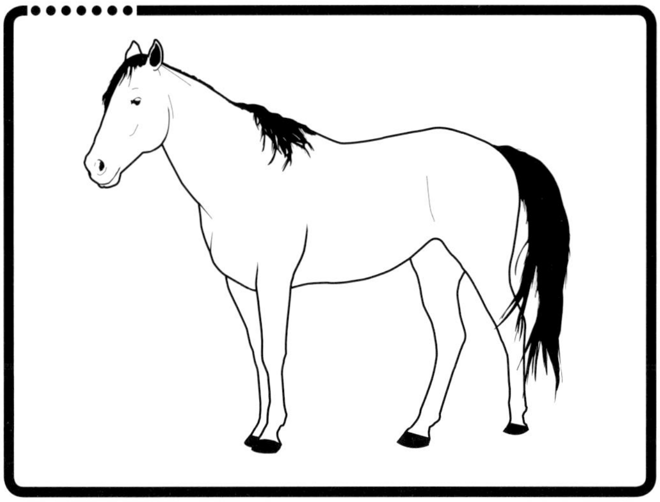
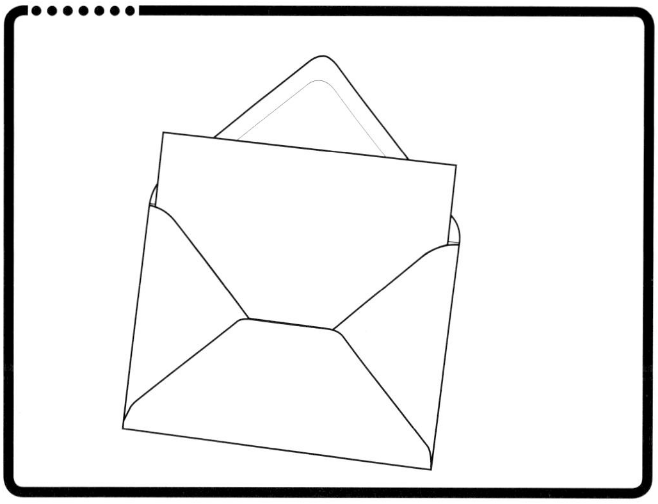
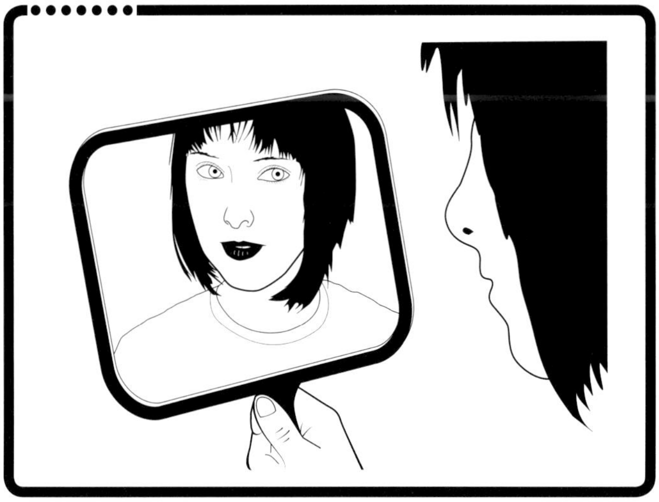
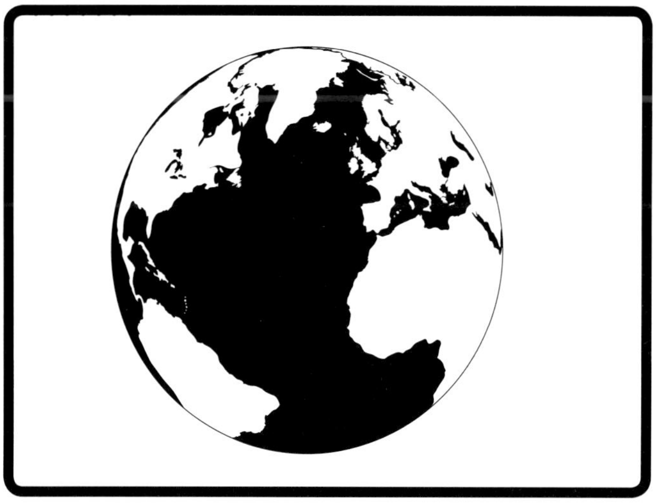
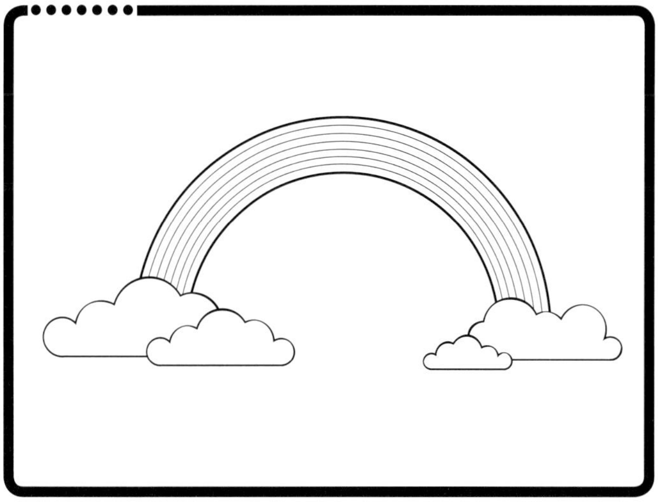
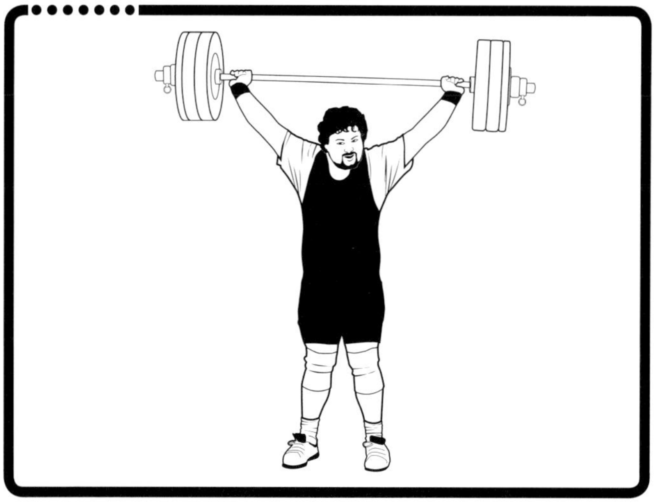
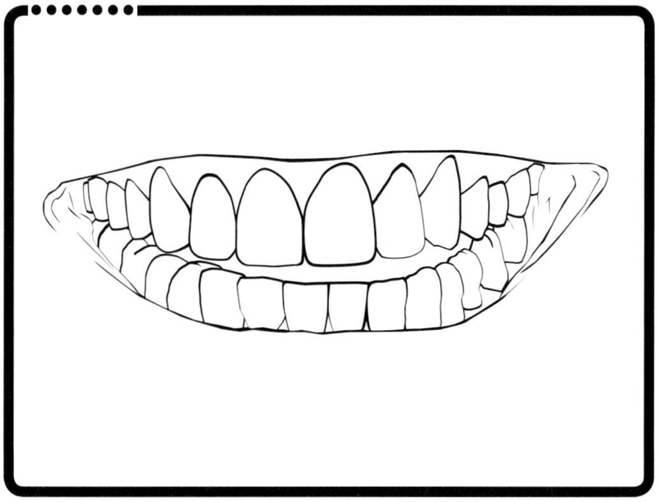
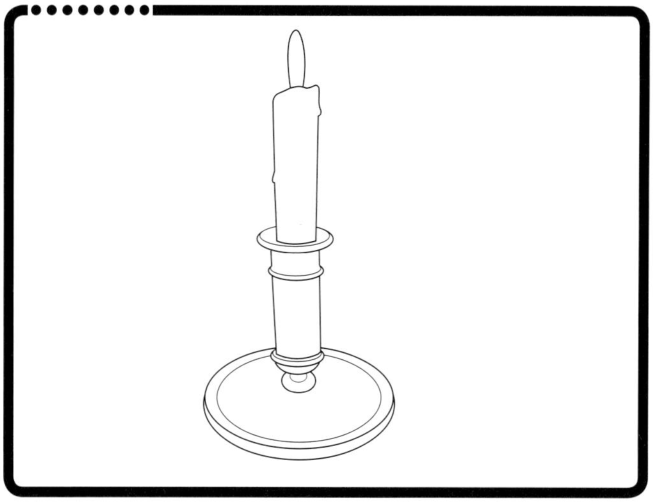

llythyr	ceffyl
byd	drych
cryf	enfys
cannwyll	dannedd

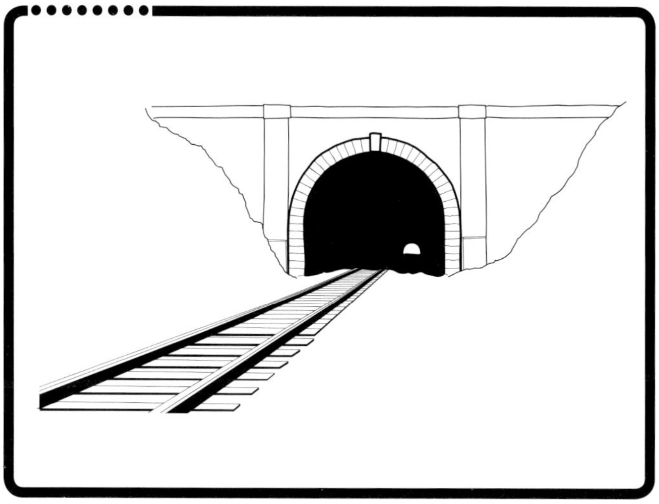

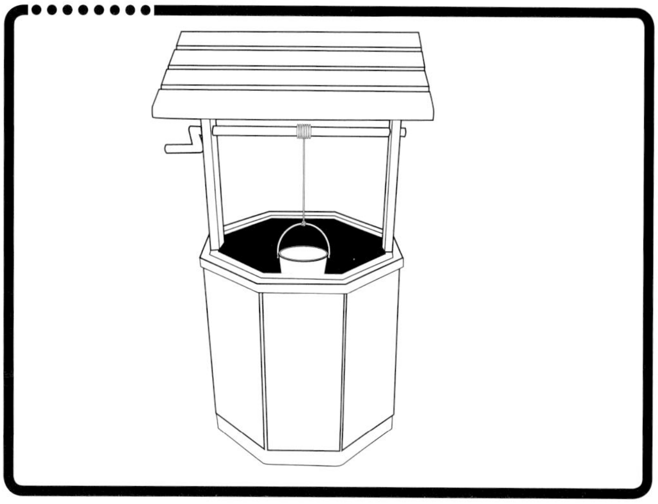

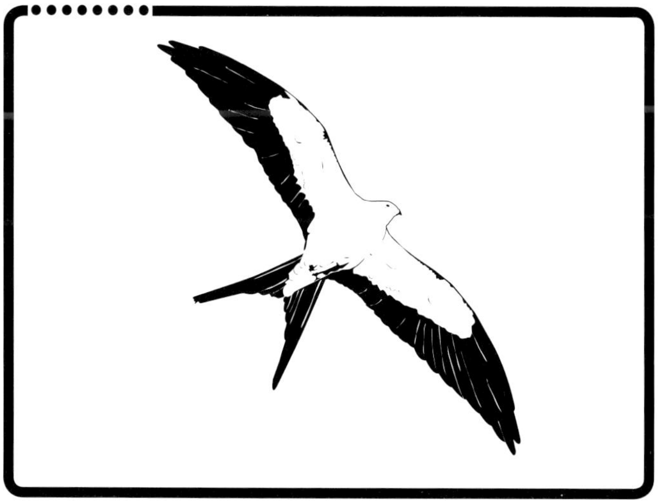

½

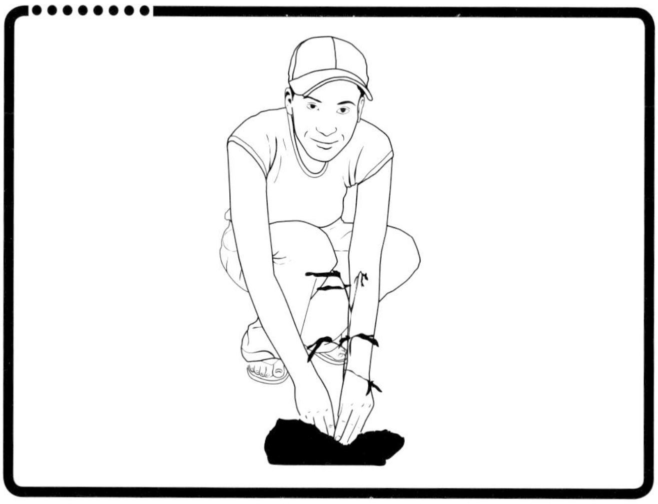

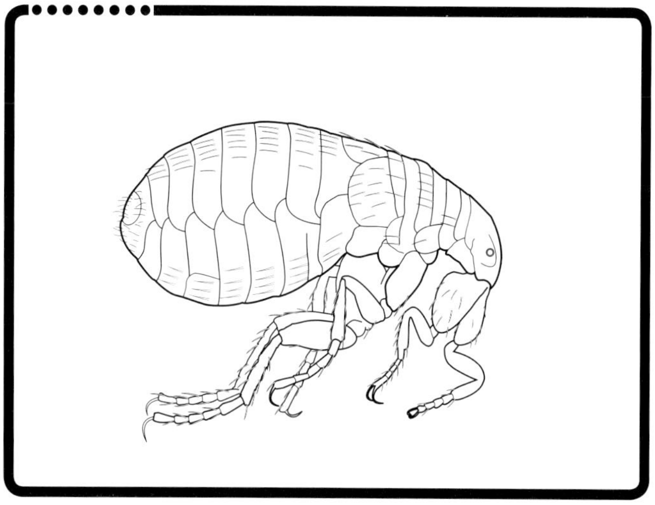

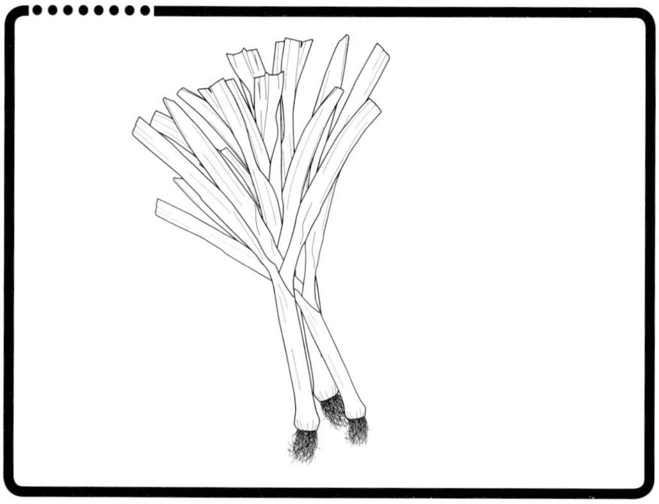

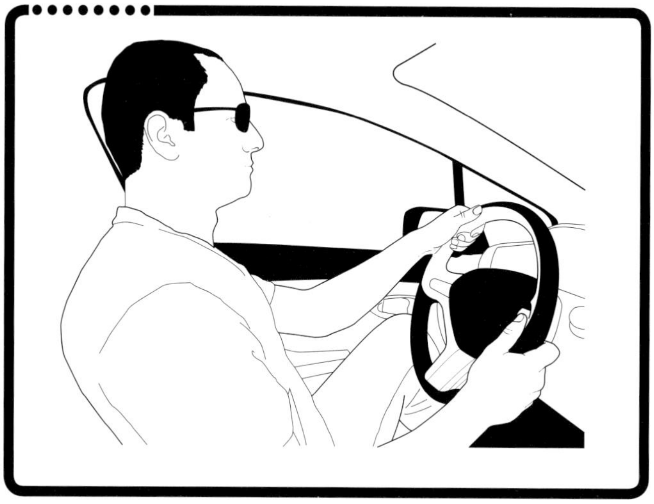

ffynnon	twnnel
hanner	gwennol
chwannen	plannu
gyrru	cennin

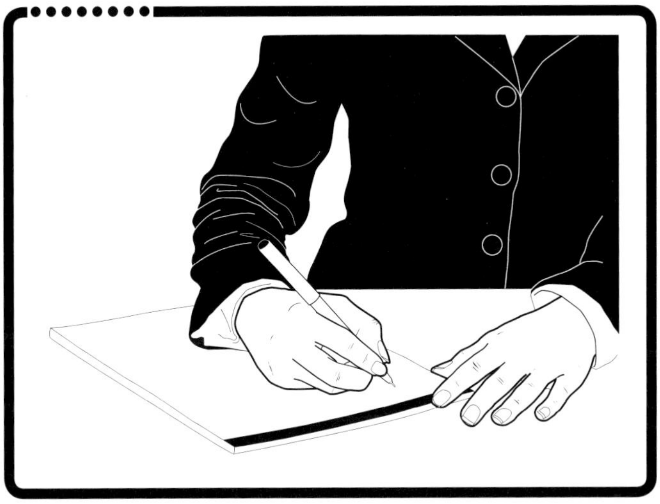
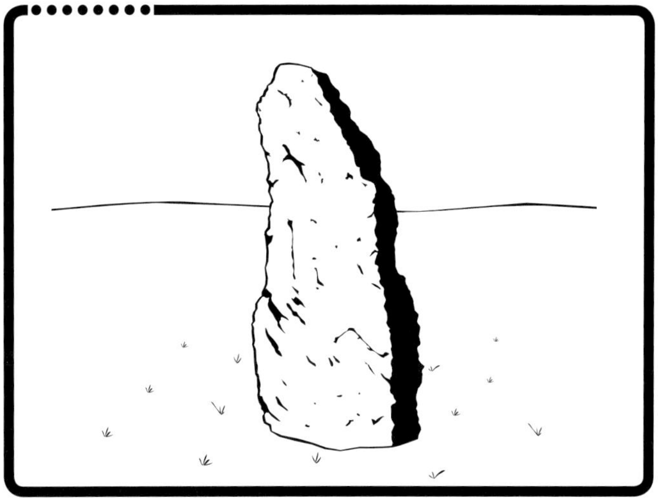
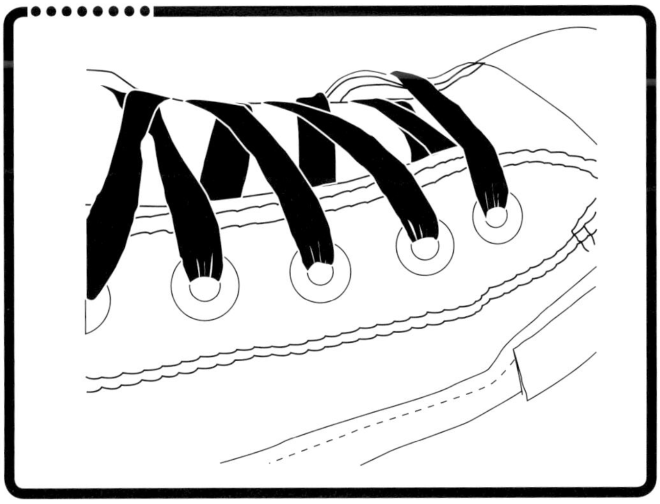
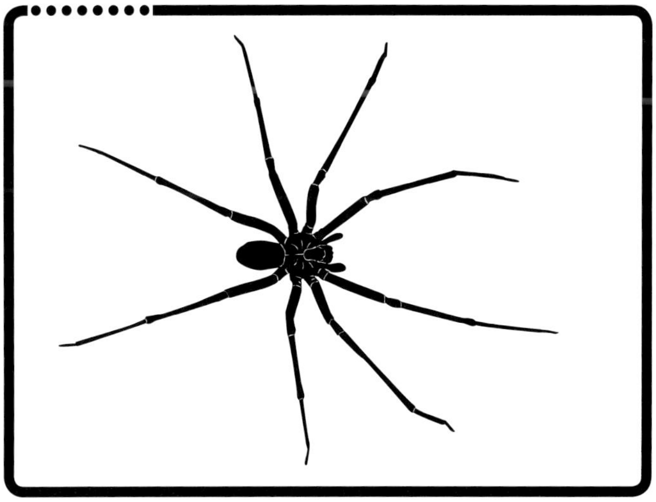
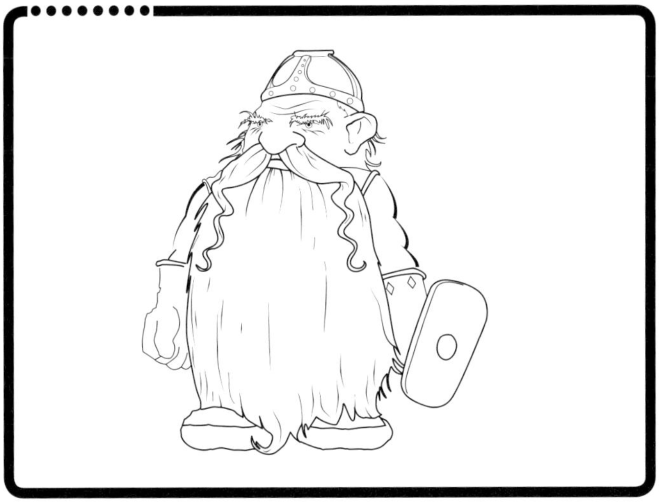
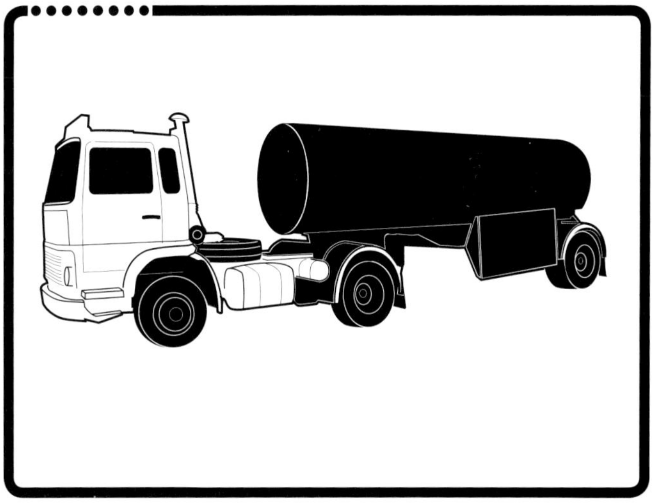

carreg　　　ysgrifennu

corryn　　　carrai

lorri　　　corrach

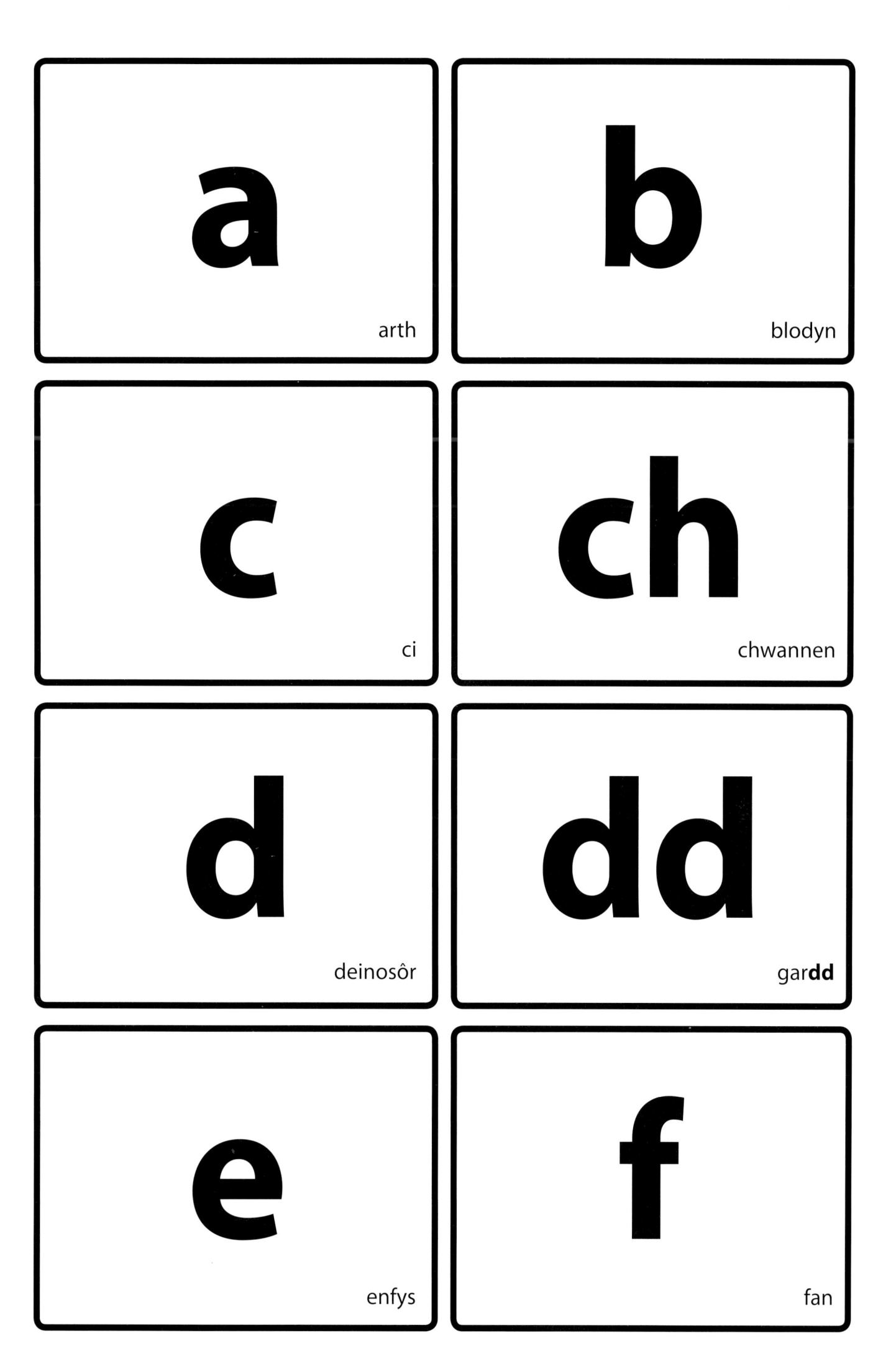

a arth	**b** blodyn
c ci	**ch** chwannen
d deinosôr	**dd** gar**dd**
e enfys	**f** fan

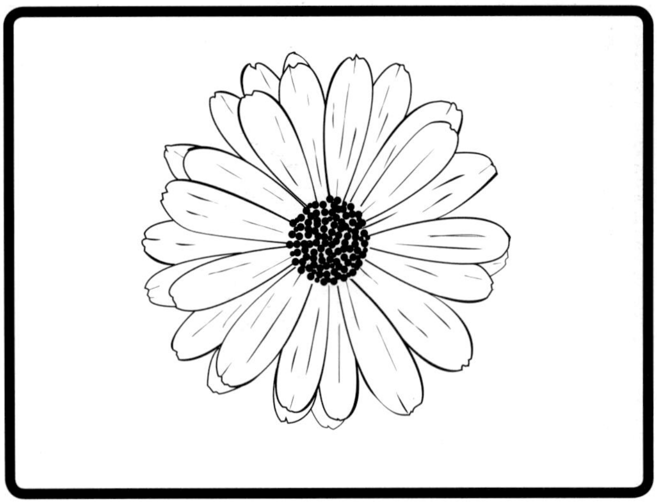
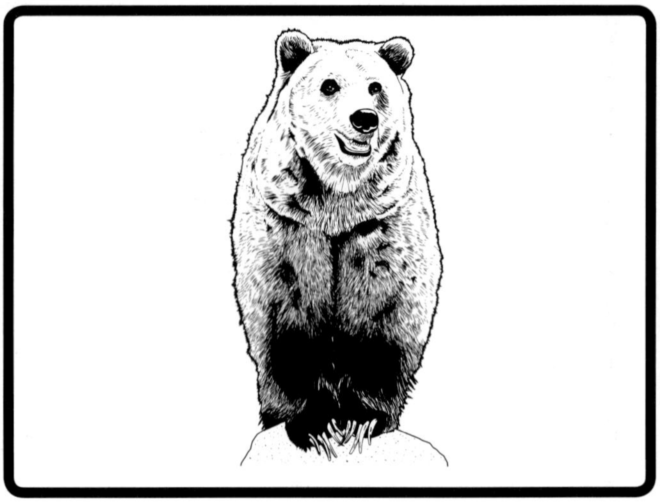
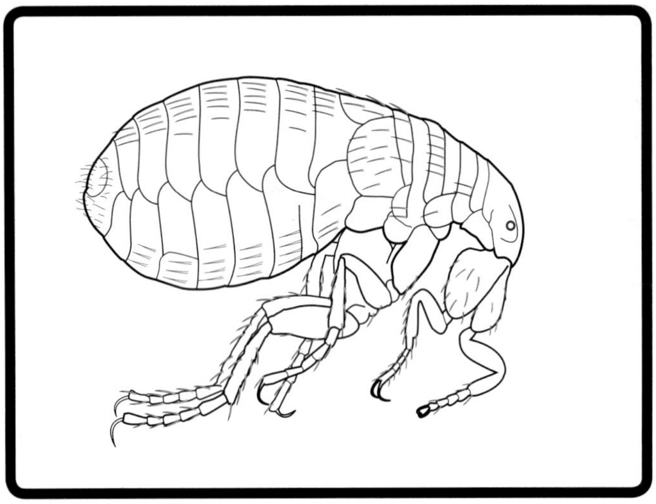
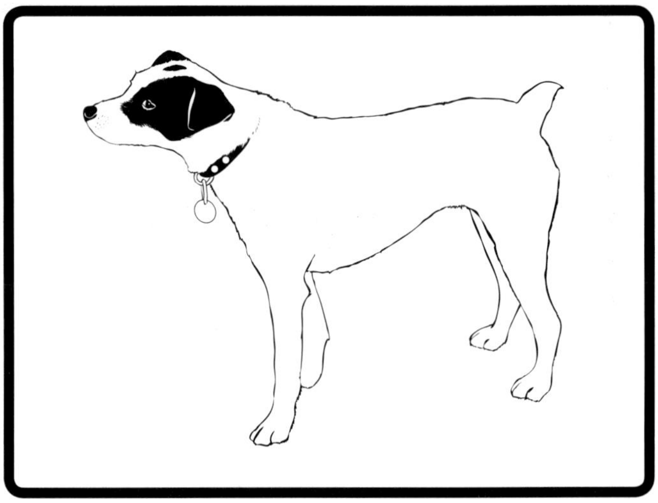
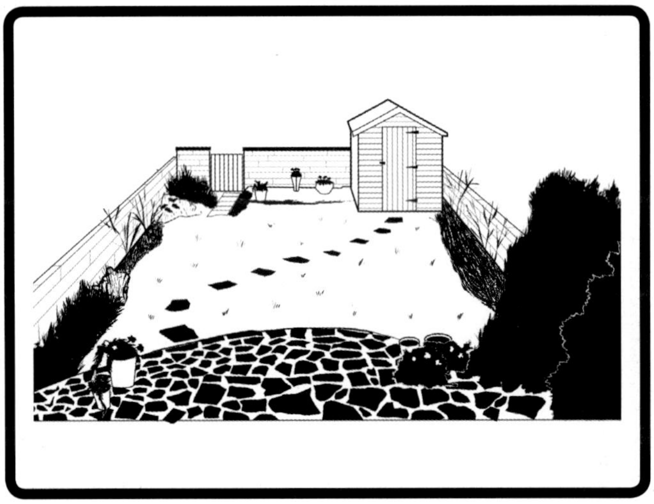
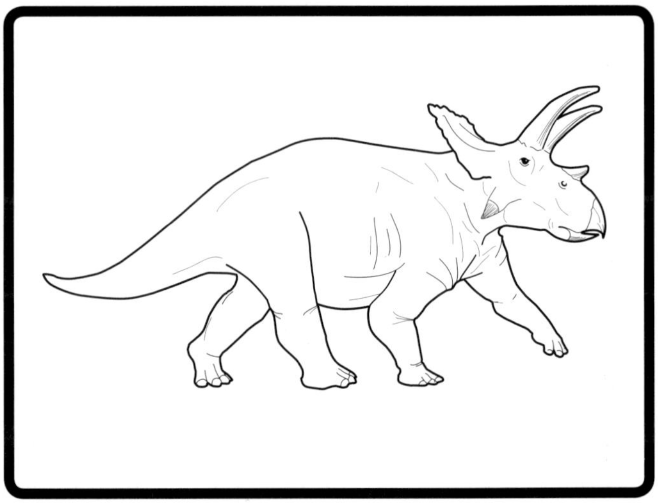
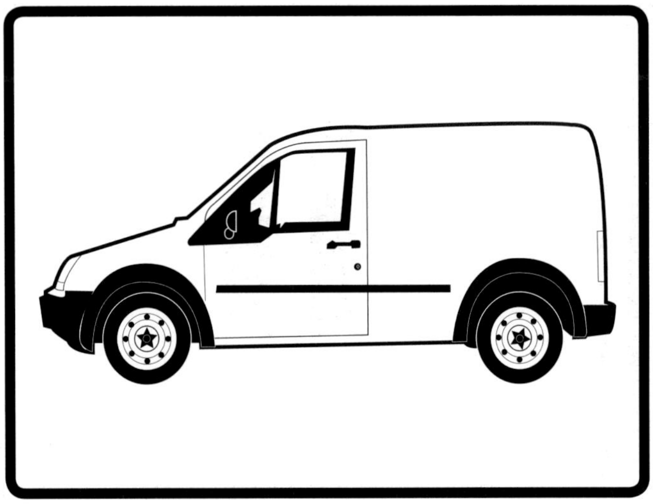
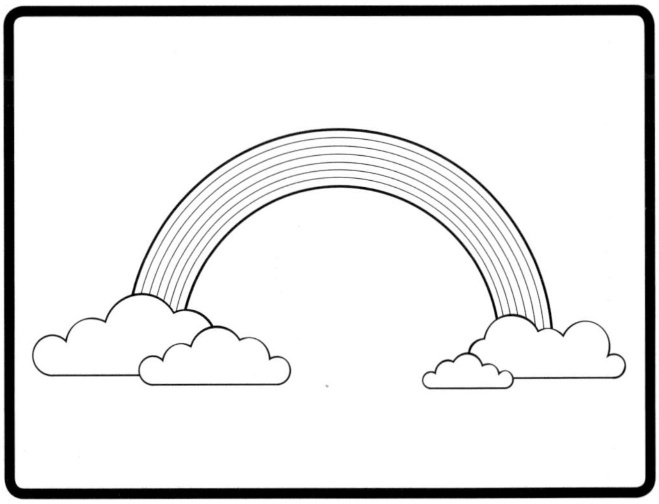

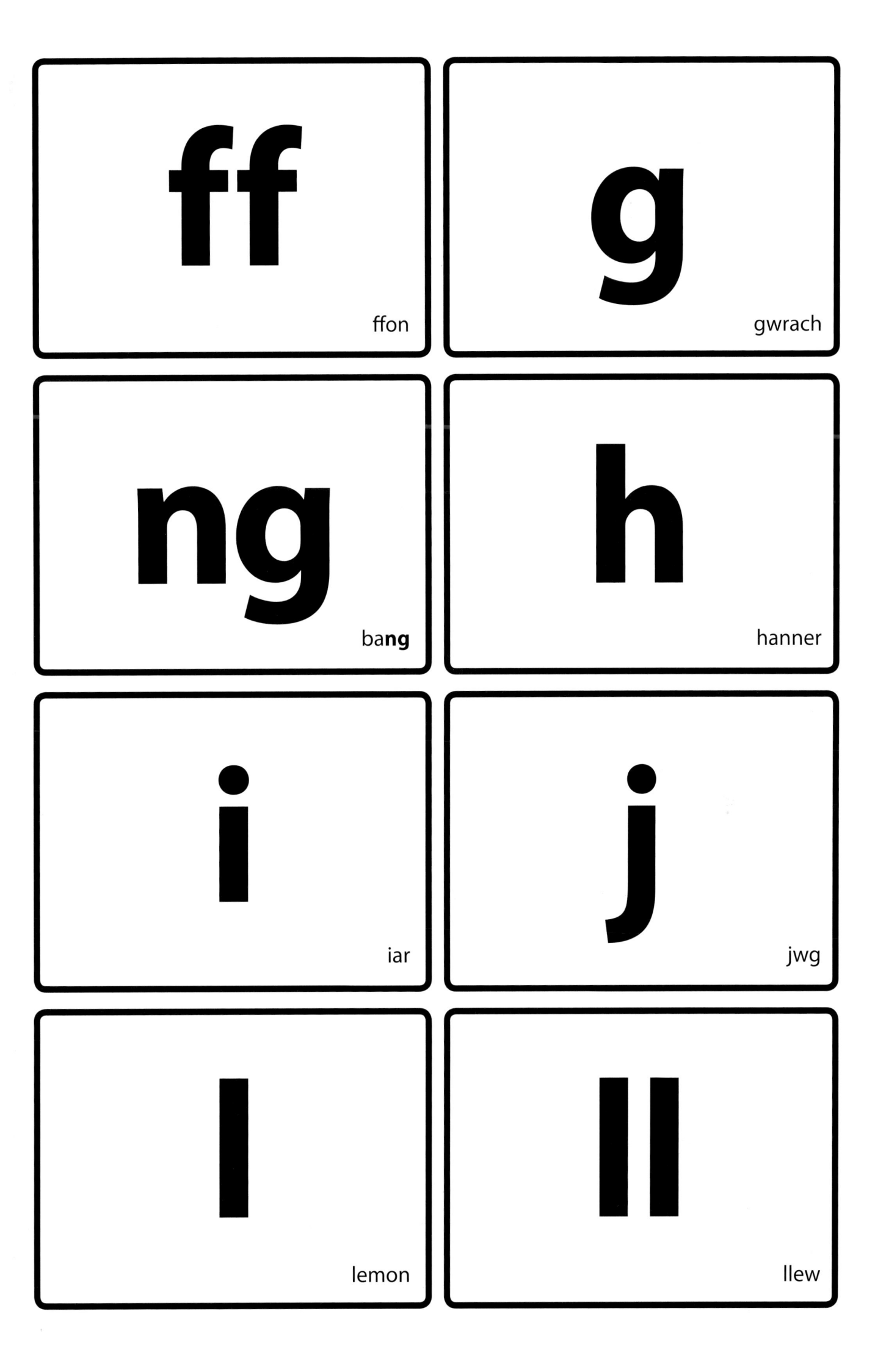

ff ffon	**g** gwrach
ng ba**ng**	**h** hanner
i iar	**j** jwg
l lemon	**ll** llew

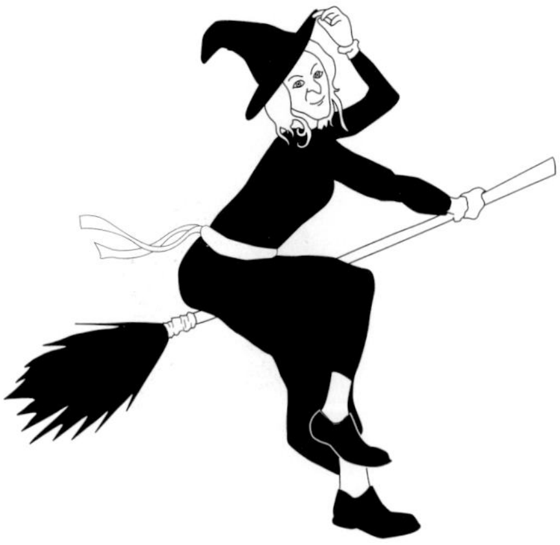

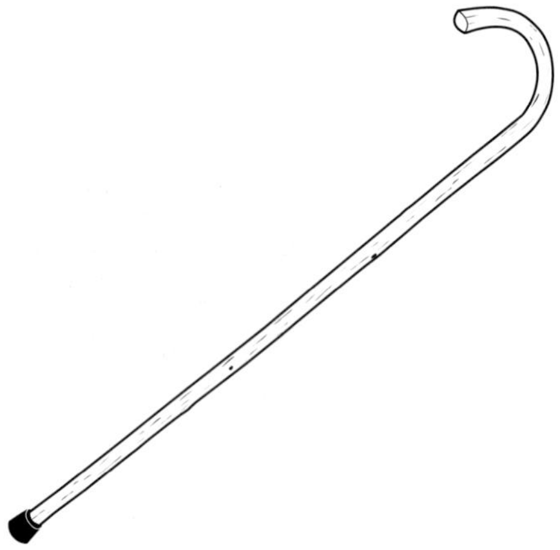

½

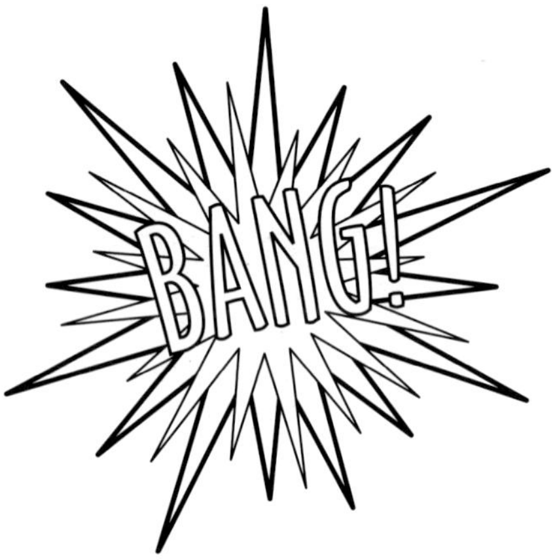

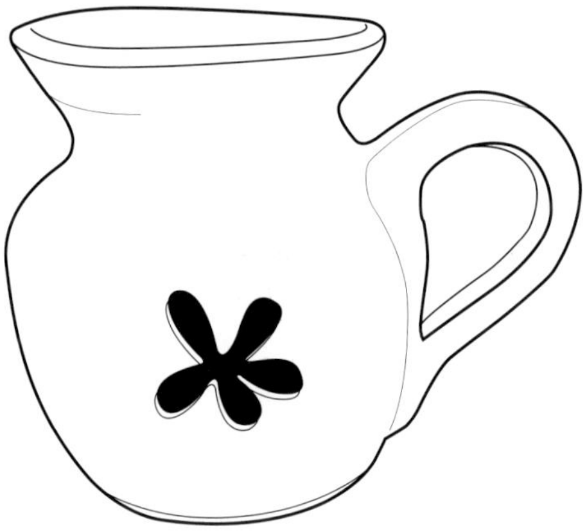

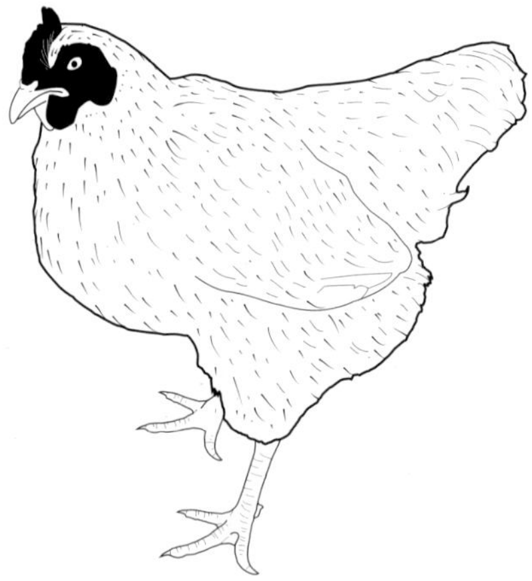

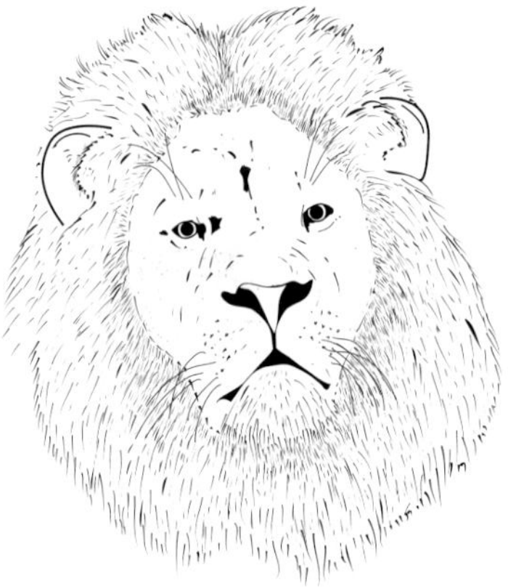

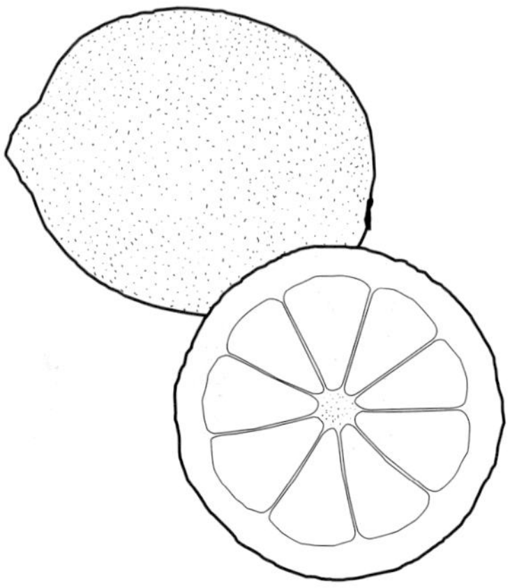

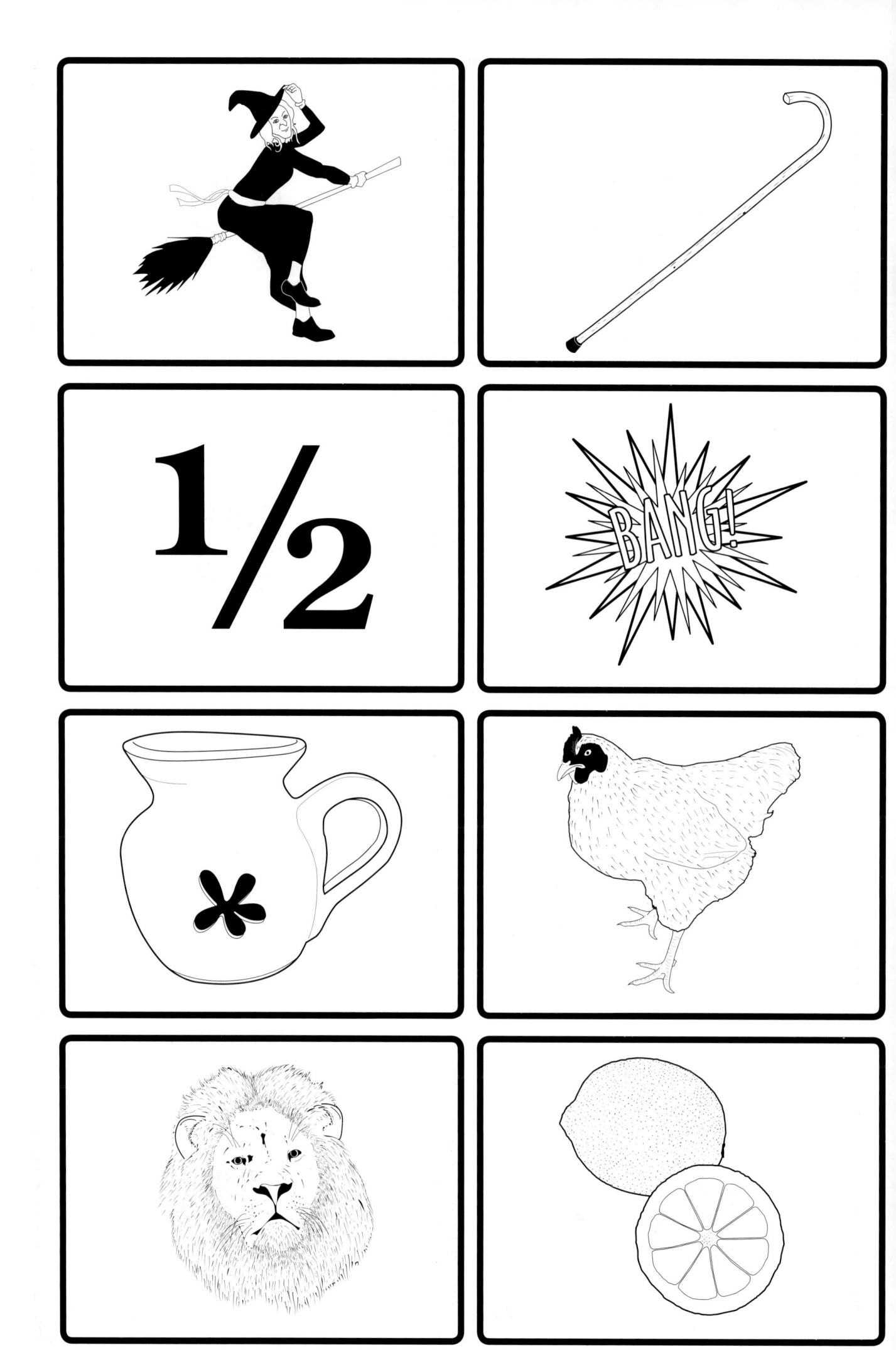

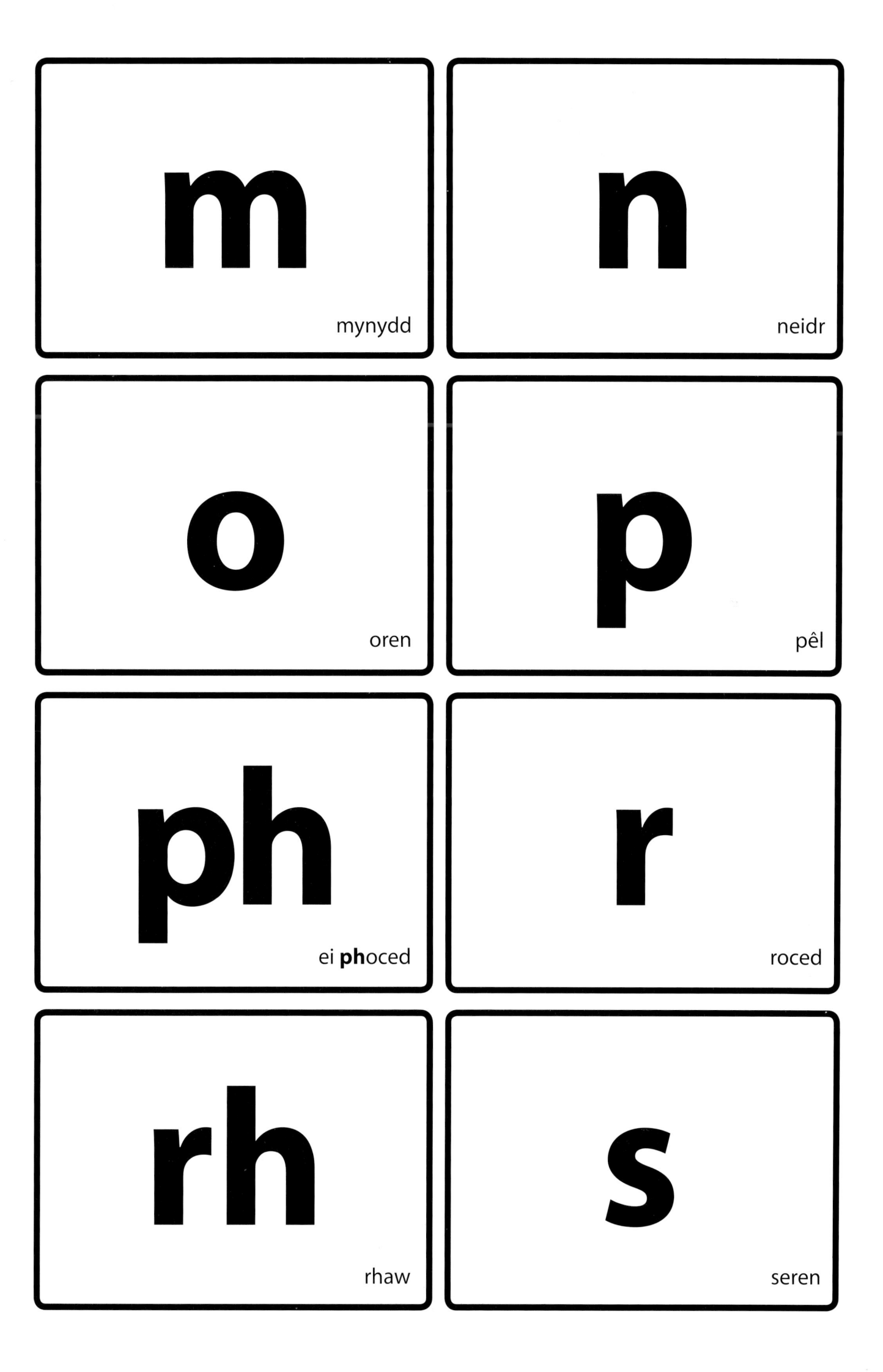

m mynydd	**n** neidr
o oren	**p** pêl
ph ei **ph**oced	**r** roced
rh rhaw	**s** seren

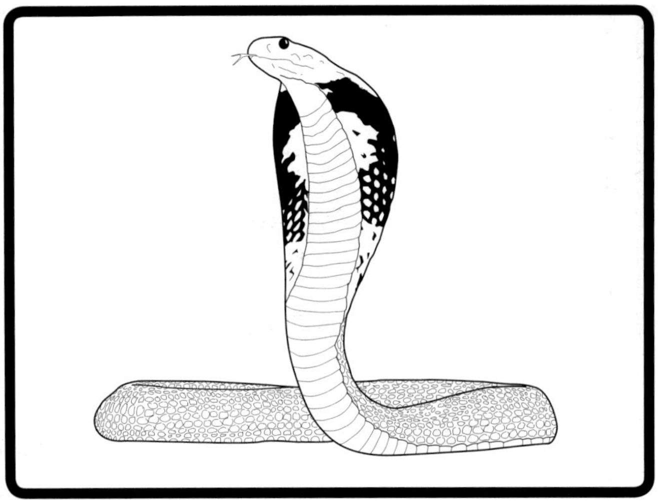
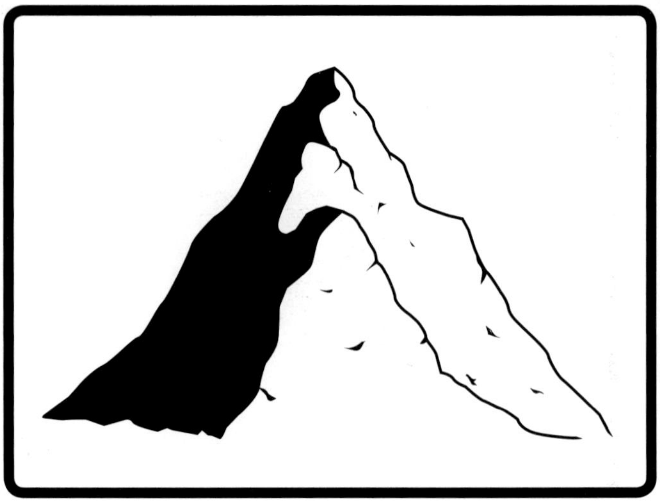
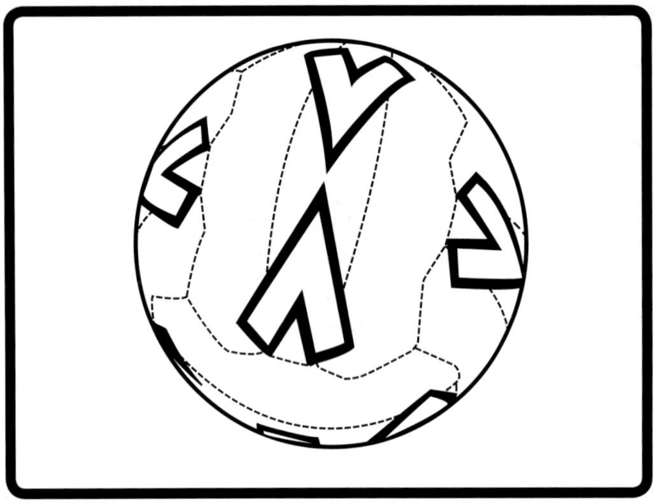
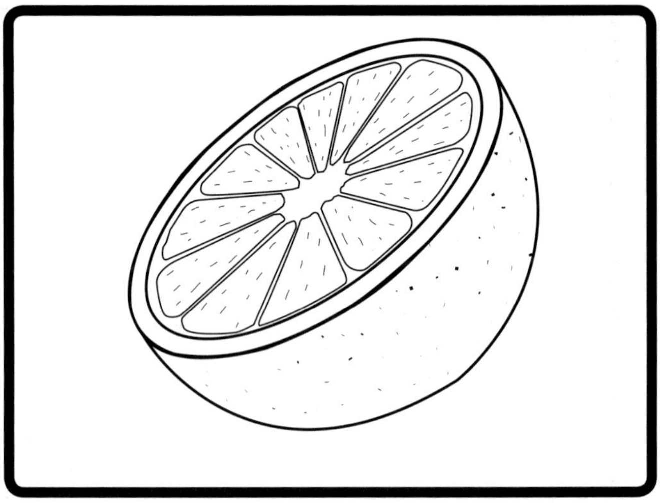
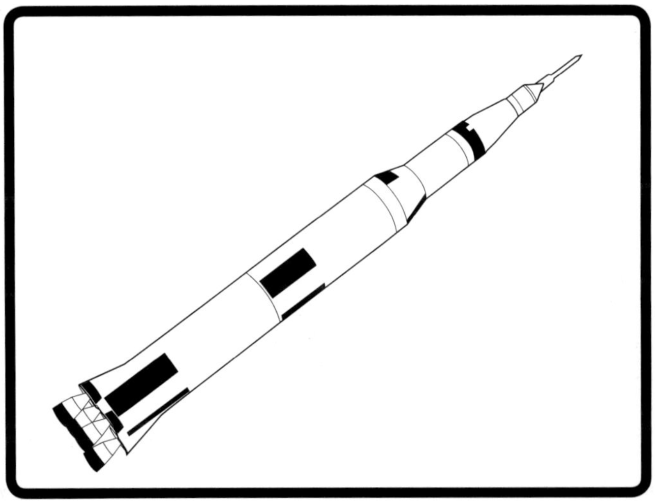
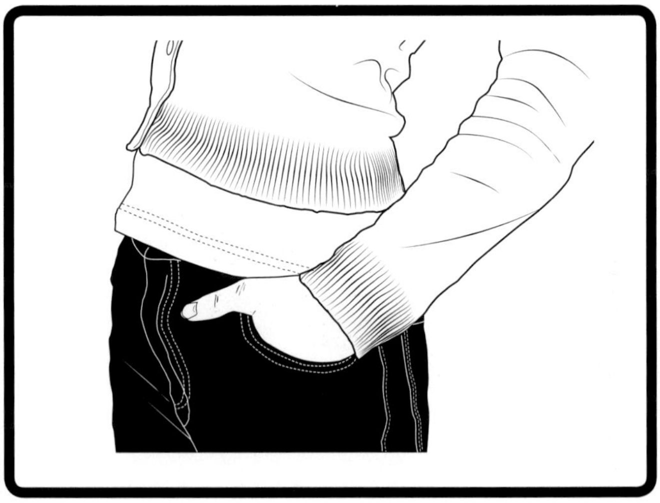
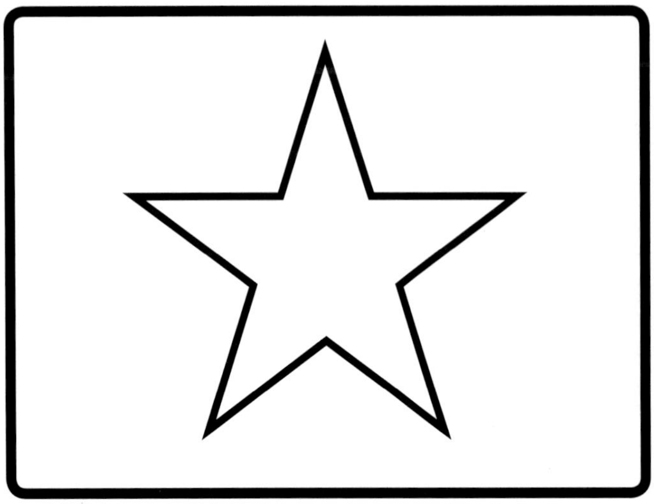
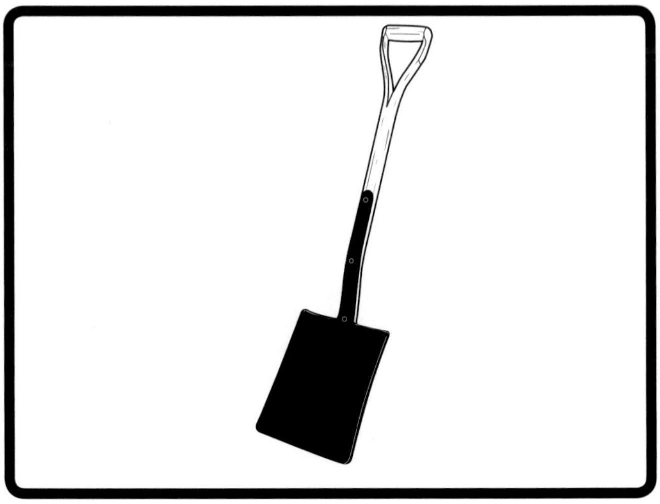

si sialc	**t** tân
th ny**th**	**u** un
w wyth	**y** ysgrifennu

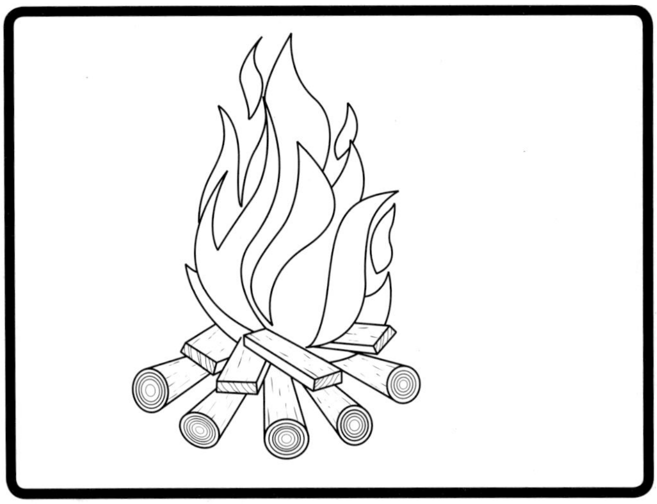

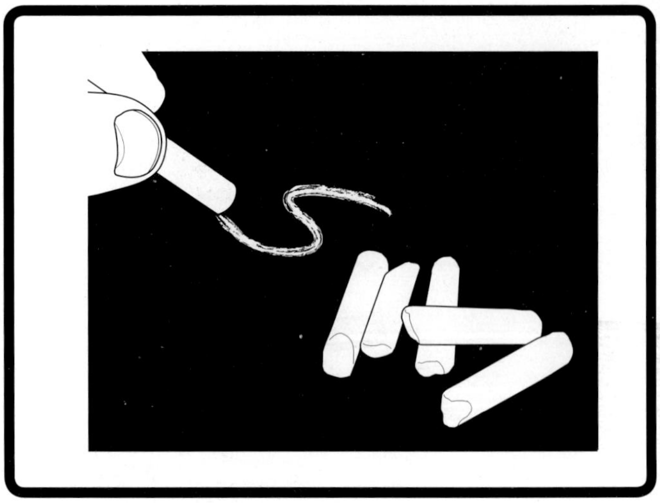

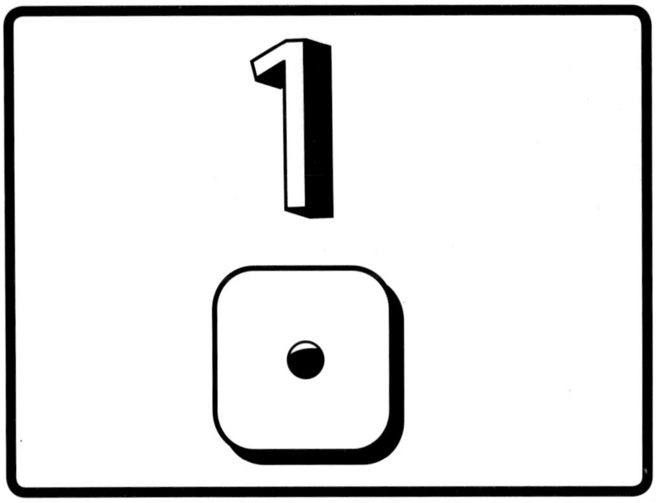
1

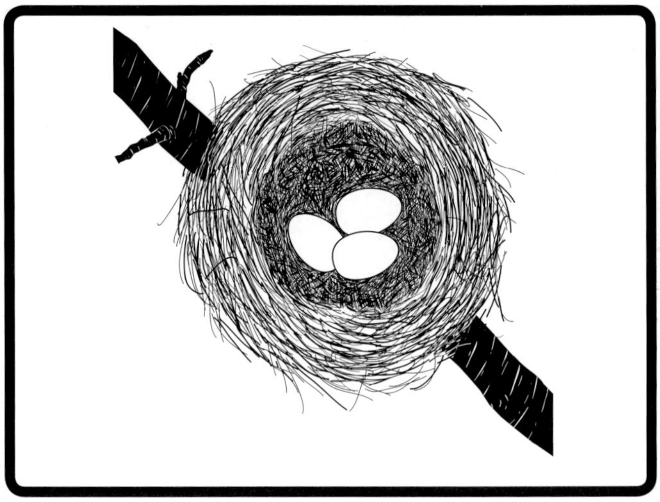

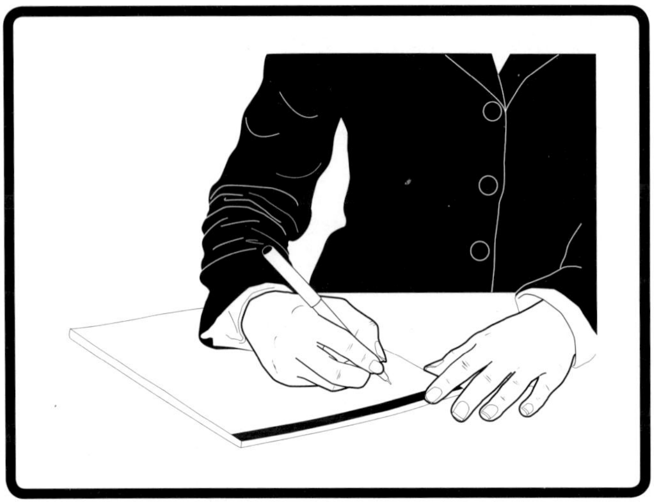

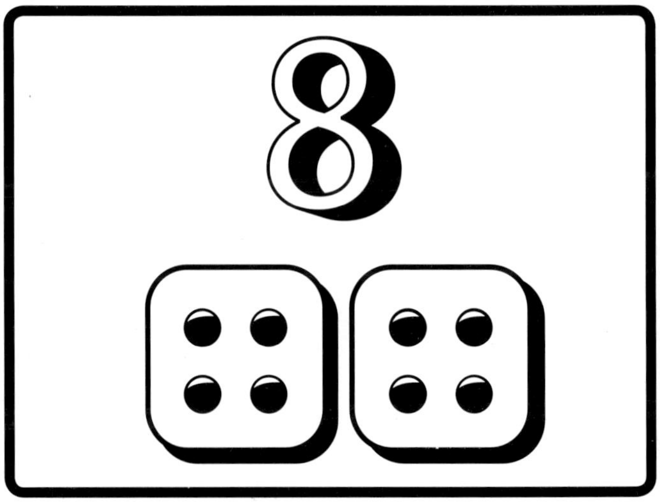
8